GENJIN刑事弁護シリーズ⑯

責任能力弁護の手引き

日本弁護士連合会刑事弁護センター[編]

現代人文社

◎はしがき

　「裁判員の参加する刑事裁判に関する法律」が2009（平成21）年5月に施行され、裁判員裁判が始まってから5年目を迎えます。2015（平成27）年1月末現在で裁判員裁判の終局人員は7,484名とされています。

　通常の刑事裁判においても、責任能力が争われる事件は少なくはないわけですが、特に重大事件が争われる裁判員裁判では、しばしばこの点が問題となり、捜査段階における起訴前鑑定、裁判所で採用された鑑定及び弁護側から出される鑑定が錯綜して争われることもあります。

　この間、2005（平成17）年に「刑事責任能力に関する精神鑑定書作成の手引き」が公表され、精神鑑定の在り方が変化してきています。また、2007（平成19）年度司法研究『難解な法律概念と裁判員裁判』を踏まえ、カンファレンス、口頭報告の活用等公判審理の在り方も変化してきています。このような変化に対応し、検察庁では専門部署を設け、起訴前鑑定を活用するとともに、この間の鑑定及び公判審理の在り方の変化に対応してきています。これに対し、ある面では仕方がないことですが、弁護士、弁護士会の対応態勢は立ち後れてきたともいえましょう。

＊

　裁判員裁判の施行に伴い、日本弁護士連合会では、裁判員本部において、裁判員裁判の検証及び研修を主として活動してきました。特に責任能力が争われる事件においては、前記の鑑定及び公判審理の在り方の変化に対応し、精神鑑定研修PTを設けて、責任能力が争われる裁判員裁判の判決書の分析を行い、さらに日本司法精神医学会の諸先生のご協力を得て協議会を開催してきました。また、それを踏まえて、責任能力に関するサテライト研修や全国各地の弁護士会での研修に講師を派遣してきました。日弁連裁判員本部は、2014（平成26）年6月に、裁判員裁判の定着に伴い、日弁連刑事弁護センターに発展

的に統合されましたが、これに伴い、精神鑑定研修PTは、責任能力小委員会に組織替えをして同じ活動を続けてきています。

＊

　本書は、精神鑑定研修PT―責任能力小委員会におけるこの間の調査研究をしてきた成果を踏まえ、具体的な事例の分析を採り入れ、理論的な問題についてもできる限り考察しながら、被告人の防御権を充分に行使できる弁護活動を直ちに実践できるよう、弁護実務に役立つマニュアルと参考となりうる書面の記載内容をも整理して、執筆したものです。これからの責任能力が争われる裁判員裁判に向けて、いささかなりとも弁護活動に資することができることを願い、現代人文社のご協力をいただいて、本書を出版することとした次第です。本書が弁護活動に少しでも活用されることを願って止みません。

2015（平成27）年5月

日本弁護士連合会刑事弁護センター委員長　　幣原　　廣

目次

はしがき　ii

第1章　責任能力弁護の課題　3

I　はじめに　3
II　責任能力判断の難しさ　4
1　統合失調症の事例　4
2　覚せい剤精神病の事例　5
3　パーソナリティ障害の事例　6
4　責任能力判断の難しさ　7
III　責任能力判断の実情　10
1　病名ごとの判断傾向　10
2　心神喪失判決の減少傾向　13
IV　責任能力弁護の課題　16
1　弁護活動の分かりにくさ　16
2　弁護人に求められる役割　17

第2章　責任能力の意義　18

I　はじめに　18
II　責任能力の意義　18
1　責任能力　18
2　精神の障害　21
3　弁識能力・制御能力　23
4　「ない」「著しい障害」　25
III　責任能力の判断方法　26
1　総合的判断方法（昭和59年決定）　26
2　病的体験の直接支配性・本来の人格傾向の重視（平成21年決定）　30
IV　精神鑑定の拘束力　32
1　不拘束説（昭和58年決定）　32

2　鑑定意見の尊重（平成20年判決）　33
　Ⅴ　責任能力判断の実際 ……………………………………………………35
　　1　統合失調症・妄想性障害 …………………………………………………36
　　2　躁うつ病・うつ病　39
　　3　覚せい剤精神病　42
　　4　飲酒酩酊　43
　　5　パーソナリティ障害　45
　　6　知的障害 ……………………………………………………………………46
　　7　発達障害 ……………………………………………………………………46

第3章　司法研究の問題点　48

　Ⅰ　司法研究 ……………………………………………………………………48
　Ⅱ　鑑定の必要性の判断の在り方 ……………………………………49
　　1　複数鑑定回避論の問題　49
　　2　50条鑑定の必要性の判断の在り方　52
　Ⅲ　鑑定手続の実施の在り方 ……………………………………………53
　　1　鑑定意見の在り方　53
　　2　鑑定資料の在り方　54
　　3　カンファレンスの在り方　55
　Ⅳ　鑑定結果の立証の在り方 ……………………………………………56
　　1　鑑定書の在り方　56
　　2　口頭報告又は証人尋問の在り方　57
　Ⅴ　裁判員に対する説明の在り方 ………………………………………58
　　1　司法研究　58
　　2　司法研究の問題点　59
　　3　裁判員の疑問に答える必要性　62

第4章　捜査段階の弁護活動　64

　Ⅰ　はじめに ……………………………………………………………………64
　Ⅱ　捜査段階の目標 …………………………………………………………64
　Ⅲ　接見の重要性 ……………………………………………………………65

1　責任能力に問題があるかもしれないと気がつく端緒　65
　　2　犯行直後の被疑者の言動を証拠化することの重要性　65
　　3　接見時の弁護人の態度　66
　　4　接見時に何を聞くか　66
Ⅳ　証拠の収集・保全 …………………………………………………………… 70
　　1　犯行直後の被疑者の言動の証拠化　71
　　2　言動等の保全　71
　　3　証拠収集の対象と手段　72
Ⅴ　取調べに対する対応 ………………………………………………………… 73
　　1　供述調書の問題点　73
　　2　捜査機関に対する対応　73
　　3　被疑者に対するアドバイス　74
Ⅵ　鑑定留置への対応 …………………………………………………………… 74
　　1　鑑定留置とは　74
　　2　精神鑑定を求めるべきか　75
　　3　鑑定留置中の弁護活動　75
　　4　鑑定留置後　77
Ⅶ　不起訴を目指すための情状弁護活動 ……………………………………… 78
Ⅷ　不起訴後の処遇（医療観察、措置入院との関係）………………………… 80
　　1　医療観察制度　80
　　2　措置入院　83

第5章　公判前整理手続の弁護活動　84

Ⅰ　弁護戦略の必要性 …………………………………………………………… 84
Ⅱ　公判前整理手続段階の弁護活動 …………………………………………… 84
　　1　公判前整理手続における弁護方針確定までの流れ　85
　　2　証拠開示請求等による証拠収集　86
　　3　予定主張明示　87
　　4　事前カンファレンス　87
　　5　尋問とプレゼン方式　89
　　6　説明概念　89

Ⅲ　弁護方針の検討 …………………………………………………………… 91
1　起訴前鑑定がない場合　91
2　起訴前鑑定を争うか　92

第6章　私的鑑定の活用　100

Ⅰ　私的鑑定はどのような点で弁護活動に有益か ……………………… 100
1　私的鑑定とは　100
2　犯行動機や犯行経緯を心理学的に解明すること（①）　101
3　被疑者・被告人に精神医学的診断を与え、事件当時の精神状態を解明すること（②）　102
4　心理カウンセリングなどを通じ被疑者・被告人の自覚を促すこと（③）　102
5　被疑者・被告人の社会復帰に望ましい環境の有り様を論じること（④）　103

Ⅱ　私的鑑定の実践上の注意点 ……………………………………………… 103
1　信用性を確保する上で重要な視点（最二小判平成20年4月25日）　103
2　前提事実に関し弁護人が自覚的に助言すべき問題について　104
3　刑事収容施設における弁護人側の専門家の面会問題について　105
4　器質的診断ができないなどの限界点　107

Ⅲ　私的鑑定の法的諸問題 …………………………………………………… 107
1　証拠能力　107
2　必要性——複数鑑定回避論　107
3　情状鑑定の必要性　108

第7章　公判段階の弁護活動　109

Ⅰ　はじめに ……………………………………………………………………… 109
Ⅱ　ケース・セオリー ………………………………………………………… 109
Ⅲ　冒頭陳述 …………………………………………………………………… 110
1　責任能力を争う事件でも基本は同じ——物語を語ろう　110
2　病気を語る　112
3　責任能力とは何か、裁判員は何を判断しなければならないかを提示する　113

Ⅳ　立証活動 …………………………………………………………………… 116
1　前提事実の立証　116

2　事件に近い時期の被告人の病状についての立証　117
Ⅴ　被告人質問 ··· 119
　　1　責任能力を争う事件での被告人質問の役割　119
　　2　被告人に全てを語らせようとしない　119
　　3　被告人質問で意識すべきこと　120
Ⅵ　精神科医の尋問 ·· 120
　　1　鑑定の弾劾　121
　　2　専門家の意見を活かす方法（主尋問）　123
Ⅶ　最終弁論 ··· 124
　　1　証拠の議論をする、物語を繰り返さない　124
　　2　何を議論するのか　125
　　3　専門家の意見についての議論　126
　　4　「7つの着眼点」の扱い方　128
　　5　動機の了解可能性等を論じる　128
　　6　"心神喪失無罪"後の処遇を論じる　130

第8章　量刑が問題となる場合の留意点　131

Ⅰ　はじめに ··· 131
Ⅱ　量刑事情としての位置づけ ·· 131
　　1　精神障害が犯行に大きく影響し、責任能力が低下していたこと　132
　　2　経緯・動機・治療機会の有無等　134
　　3　一般情状　142
　　4　再犯リスク・反省なしとされるリスク　143
Ⅲ　立証の工夫 ·· 145
Ⅳ　弁論の工夫 ·· 145
　　1　弁論の在り方　145
　　2　責任の幅を想定する場合の留意点　146

精神科医・カウンセラーと弁護人との協働

①精神科医の立場から
私的精神鑑定の意義と限界………髙田知二　148

②臨床心理士の立場から
臨床心理士が私的鑑定に関わる意義………長谷川博一　153

③産業カウンセラーの立場から
DV関連の刑事裁判の現状と課題………谷本恵美　160

コラム

精神障害者の不処罰規定の歴史　8
「脳」の病気と「心」の病気　9
医療観察法　12
パーソナリティ障害は「精神の障害」か　22
「手引き」と「7つの着眼点」　29
責任能力判断の8段階構造　35
不可知論と可知論　36
動機の了解可能性　39
抗うつ剤の副作用にも注意　41
ビンダーの酩酊分類　44
発達障害　47
評議において裁判例を示すことの当否　63
接見での対応　66
精神障害に気付くポイント　68
弁面調書の活用　69
鑑定受託者に接触すべきか　76
知的障害者の釈放後の支援等　78
鑑定入院命令を争う方法　82
事前カンファレンスの当否　88

心神耗弱を主張すべきか　93
訴訟能力の意義　98
公判停止が認められた後の活動　99
「7つの着眼点」を論じることの当否　127

資料

平成19年度司法研究『難解な法律概念と裁判員裁判』（抜粋）　166
手引き（抜粋）　169
参考文献　173

参考書式

1 収集証拠一覧表　177
2 照会申出書（留置簿冊）　181
3 照会申出書（指導要録）　184
4 照会申出書（ケース記録）　187
5 記録の取寄せ請求書（社会記録）　189
6 公務所照会請求書（110番通報）　190
7 公務所照会請求書（診療録）　192
8 証拠開示請求書（類型証拠開示）　194
9 予定主張（簡単なもの）　199
10 予定主張（詳細なもの）　201
11 鑑定請求書（簡単なもの）　205
12 鑑定請求書（詳細なもの）　208

凡　例

本書では、以下の略語を使用した。

○文献

司法研究　　平成19年度司法研究『難解な法律概念と裁判員裁判』（司法研究報告書61輯1号）、司法研修所編『難解な法律概念と裁判員裁判』（法曹会、2009年）として刊行

手引き　　　平成18〜20年度厚生労働科学研究費補助金（こころの健康科学研究事業）他害行為を行った精神障害者の診断、治療および社会復帰支援に関する研究　分担研究　他害行為を行った者の責任能力鑑定に関する研究　他害行為を行った者の責任能力鑑定に関する研究班編（分担研究者岡田幸之）『刑事責任能力に関する精神鑑定書作成の手引き（平成18〜20年度総括版（ver.4.0））』

http://www.ncnp.go.jp/nimh/shihou/tebiki40_100108.pdf

○法令

刑訴法	刑事訴訟法
刑訴規則	刑事訴訟規則
精神保健福祉法	精神保健及び精神障害者福祉に関する法律
医療観察法	心神喪失等の状態で重大な他害行為を行った者の医療及び観察等に関する法律
裁判員法	裁判員の参加する刑事裁判に関する法律

責任能力弁護の手引き

第1章

責任能力弁護の課題

I　はじめに

　責任能力が争われる事件は、決して少なくない。その多くは、殺人、放火等の裁判員裁判対象事件である。しかし、これまで、我が国では責任能力を争う弁護活動（以下「責任能力弁護」という。）に関する知識や技術が、必ずしも蓄積されてこなかった。誤解を恐れずに言えば、我が国における伝統的な責任能力弁護の戦略は「裁判所に対する鑑定請求」であり、責任能力判断を裁判所及び鑑定人に丸投げするに等しいものであった。

　しかし、当事者主義の下では、弁護人は、主体的に主張立証する責務を負っている。責任能力判断の基礎となる証拠を収集し（私的鑑定を含むが、それに尽きるものではない。）、それを分かりやすく立証し、自らの言葉で裁判官・裁判員を説得しなければならない。また、現在では、鑑定人は責任能力判断やその前提となる弁識能力・制御能力の程度には言及しないことが一般的である。その結果、弁護活動次第で有罪にも無罪にもなるという状況が生まれている[1]。

　本章は、こうした状況の変化を踏まえて、責任能力が問題となる裁判員裁判における弁護活動の課題を論じるものである。

---

[1]　裁判員裁判で心神喪失無罪になった判決は6件あるが（平成27年3月末日現在）、日弁連において鑑定書等の内容を調査した結果、鑑定主文は心神耗弱を示唆するものが多かった。

Ⅱ　責任能力判断の難しさ

　責任能力が問題となる事件には様々なものがある。しかし、そのうち心神喪失と判断されるものもあれば、心神耗弱あるいは完全責任能力と判断されるものもある。それらは、なぜ判断が分かれるのだろうか。そもそも、なぜ心神喪失者は無罪とされるのだろうか。
　はじめに3つの事例を基に、責任能力判断の難しさを考えてみたい。

1　統合失調症の事例

> **事例1**　テレビで芸能人が自分の悪口を言っていると思い込み、それをやめさせるために通行人を包丁で切り付け、加療約1か月を要する傷害を負わせた。

　これは、実際に筆者が担当した殺人未遂被疑事件である。被疑者は、テレビで芸能人が話しているのを見て、自分の悪口を言っていると思い込んだ。何とかして悪口をやめさせようと、テレビ局に投書をした。しかし、テレビ局には相手にしてもらえない。当然である。そこで、見ず知らずの通行人を刃物で切りつけることを思いついた。被疑者によれば、通行人を切りつけたことを芸能人が知れば、自分のせいで事件が起きたことを知って、悪口をやめるだろう、というのである。
　この事件は、明らかに「異常」である。まず「テレビで芸能人が自分の悪口を言っている」というのは、現実にはあり得ない思い込みである。これは「妄想」という精神症状である可能性がある。また、まったく見ず知らずの通行人をいきなり包丁で切りつけるという被疑者の心理も、常識では理解しがたい。これを「了解」不能である、と表現することがある。精神症状の有無は判断が難しいが、被疑者の心理が了解不能であることは理解できるだろう。

実際の事例では、被疑者は捜査段階の精神鑑定で「統合失調症」と診断され、不起訴処分（心神喪失）になった。その後、医療観察法の入院処遇の申立てがあり、入院処遇になった。この事件は、「統合失調症」という病名までは分からなくても、「妄想」という精神症状があり、被疑者の心理が了解不能であることから、心神喪失になることが理解されやすい。
　では、次の事例はどうだろうか。

2　覚せい剤精神病の事例

> **事例2**　自分は公儀介錯人であり、同居人は悪い奴だから成敗する必要があると思い込み、小刀で首を切り付け、加療2か月を要する傷害を負わせた。

　これも、筆者が担当した殺人未遂被告事件である。「公儀介錯人」とは、幕府の命により大名の切腹の介錯をする首切り役人のことである。時代劇に登場する架空の役職であり、実在する役職ではない。被告人は、自分は公儀介錯人であると思い込み、悪さをする同居人を成敗したのである。実際に被告人は小刀を構えて持ち、被害者の背後から首を切り付けていた。
　この事件も、明らかに「異常」である。まず「自分は公儀介錯人である」という思い込みは現実にはあり得ない思い込みであり、「妄想」である可能性がある。また、同居人の首をいきなり小刀で切り付けるという被疑者の心理にも、「了解」しがたい面がある。ただし、同居人はまったく見ず知らずの人ではないから、同居人との間で何らかのトラブルがあったかもしれない。そうだとすれば、それが動機の形成過程に影響した可能性は否定できない。
　実際の事例では、捜査段階の精神鑑定で「覚せい剤精神病（覚せい剤による精神病性障害）」と診断された。「妄想」の原因は、「統合失調症」ではなく、覚せい剤使用の後遺症によるものと判断されたのである。そして、判決では心神耗弱と認定され、懲役4年の実刑判決を受けた（求刑：懲役7年）。
　なぜ事例1と同じように「妄想」という精神症状があるのに、責任能力判断

が異なるのだろうか。この点を考えるために、もう1つの事例を見てみよう。

3　パーソナリティ障害の事例

> **事例3**　生きていくためには刑務所に入るしかないと思い込み、通行人を牛刀で切り付け、加療10日間の傷害を負わせた。

　これも、筆者が担当した殺人未遂被告事件である[*2]。被告人は、生まれつきの弱視であり、ほとんど目が見えない。39歳のとき刑務所に入るために万引きをしたが、警察官から「万引きでは、刑務所に入れない」と言われたため、駅舎に放火をした。執行猶予判決になったため再び駅舎に放火し、その後も出所しては駅舎に放火を繰り返した。52歳になると駅舎がコンクリート製になっていたため、今度は「人を刺せば、刑務所に入れるだろう」と考えて、駅前で通行人を包丁で刺して、殺人未遂により懲役8年の実刑判決を受けた。そして、出所後2週間で、再び本件犯行に及んだのである。

　この事件も、「異常」ではある。しかし、「生きていくためには刑務所に入るしかない」という思い込みは、事例1や2と比べると、異常さの程度は低い。精神障害がなくても刑務所に入るために罪を犯す被疑者・被告人はいるからだ。それらの被疑者・被告人が、みな心神喪失になるわけではない。これは、常識的に理解できるだろう。他方で、見知らぬ人をいきなり牛刀で切り付けるという被告人の心理は、了解不能である。この点では、事例1と類似している面がある。では、心神喪失になるのだろうか。

　実際の事例では、精神鑑定では、被告人の思い込みは「妄想」ではなく、優格観念（妄想と異なり、訂正可能である。）であるとされ、診断名も統合失調症ではなく、「精神遅滞、パーソナリティ障害」であると診断された。要するに知的障害と性格の偏りに過ぎず、「精神病」ではない、というわけである。

[*2]　田岡直博「『求刑超え』判決が言い渡された事例（特集／裁判員裁判の情状弁護と量刑）」季刊刑事弁護66号（2011年）54頁。

判決では完全責任能力と認定され、求刑を超える懲役10年の実刑判決を言い渡された（求刑：懲役9年）。

4　責任能力判断の難しさ

　これらの事例は、いずれも刃物を使った殺人未遂事件である。そして、いずれの被疑者・被告人あるいは事件にも、多かれ少なかれ「異常」な要素がある。しかし、犯罪自体が非日常的なものである以上、単に「異常」であるというだけで、直ちに心神喪失と判断されるわけではない。さもなければ、残虐性が高い事件であればあるほど心神喪失と判断されやすい、という逆説的な結果になりかねないからである。

　責任能力判断の第一のポイントは、その異常さが「病的」なものであるかどうかである。責任能力は「精神障害」ゆえに罪を犯した者の刑を減免する制度である。被疑者・被告人に「精神障害」が認められなければ、そもそも刑の減免が認められる余地はない。事例1と事例3はいずれも見知らぬ人を刃物で切りつけている点では共通するが、事例1では精神症状が認められたのに対し、事例3では精神症状が認められなかったという違いがある。この判断は、精神医学の領域に属する。しかし、われわれ弁護人には、その判断は必ずしも容易ではない。

　第二のポイントは、精神症状が犯行にどの程度の影響を与えたかである。仮に「精神障害」であっても、その症状が犯行に全く影響を与えていなければ、心神喪失と判断されることはない。なぜなら、その被疑者・被告人は精神障害「ゆえに」罪を犯したのではないからである。事例1と事例2は「妄想」という精神症状が認められる点では共通しているが、事例1では「妄想」以外に動機が全く認められないのに対し、事例2では同居人との間のトラブルという現実的な要因が動機形成に影響した可能性がある、という違いがある。この判断にも、精神医学的な分析を必要とする。

　第三のポイントは、被疑者・被告人を法的に非難できるかどうかである。責任能力判断には精神医学的知見が不可欠であるが、それだけで決まるわけではない。責任能力が法的概念である以上、最終的には法的判断の領域に属する。

これは規範的判断であるから、弁護人の専門領域である。もっとも、心神喪失と心神耗弱・完全責任能力の区別は相対的であり、時代により、また国により判断が変わり得るものである。冒頭に挙げた3つの事例は責任能力判断が分かれたが、これはそれぞれの裁判体が精神鑑定の結果と当事者の主張に基づき判断した結果であり、病名や犯行態様から一義的に責任能力判断が導かれるといった簡単なものではない。

　責任能力の歴史は、責任主義の歴史よりも古いと言われる。近代刑法が成立する遙か以前から、精神障害ゆえに罪を犯した被疑者・被告人は不処罰とされてきた。もっとも、その内容は現在の刑法39条と必ずしも同じではない。問われているのは、現代において、どこまでは処罰し、どこからは免責して医療の対象とするのかである。裁判員制度は、このような規範的判断に国民の多様な価値観を取り入れる回路であると言える。それは責任能力判断を不安定にする側面を持っているが、同時に我々が当然のように前提としてきた責任能力の本質を問い直す契機にもなり得る。ここに責任能力弁護の醍醐味がある。

コラム

精神障害者の不処罰規定の歴史

　我が国における精神障害者の不処罰規定の歴史は、大宝律令にさかのぼる。大宝律令は、精神障害者を含む「篤疾者」には、裁量的な刑の減免規定が設けられていたとされる（ただし、大宝律令は現存しないため、その内容は養老律令の注釈書である「令義解」からうかがい知ることができるに過ぎない。）。また、江戸時代に定められた御定書百箇条にも、「乱心者」には裁量的に刑を減免できる旨が規定されていた。

　西洋に目を向けると、精神障害者不処罰規定の歴史は、「狂人はその狂気によってのみ罰せられる」というローマ法の法格言に遡ると言われる。

　これらは責任主義に立脚した近代刑法における責任能力規定とは法的性格を異にするものの、精神障害者の刑を減免するという点では共通している。古今東西を問わず精神障害者の刑の減免が設けられていたことは、精神障害者不処

罰規定（責任能力規定）の普遍的性格を示すものと言えよう。

(田岡直博)

> **コラム**
>
> ## 「脳」の病気と「心」の病気
>
> 　伝統的な精神医学は、病因（病気の原因）を、外因性、心因性、内因性の3つに分類した上で、外因性及び内因性は責任能力の減免が問題になるが、心因性は、そもそも「精神の障害」ではないから、責任能力の減免は問題にならない、と考えてきた（コラム「パーソナリティ障害は『精神の障害』か」22頁参照）。分かりやすく言えば、「外因性」とは「脳」の病気であり、心因性とは「心」の病気である。「内因性」は、現時点では原因が解明されていないが、「脳」の病気であると推定されているものである。そして、統合失調症や躁うつ病は二大内因性精神病と呼ばれ、「脳」の病気であると考えられてきた。
>
> 　しかし、臨床現場では、病因論に基づく伝統的診断に代わり、操作的診断基準が主流になっている。これは、病気の原因にもかかわらず、病気の「症状」に基づき診断するという考え方に基づいている。確かに、裁判員にとっても、「内因性」のうつ病であれば心神喪失ないし心神耗弱になるが、「心因性」（反応性）のうつ病であれば完全責任能力である、という説明は、分かりづらいように思われる。責任能力判断は、最終的には、法的非難可能性の問題なのであるから、同じことを説明するにしても、被疑者・被告人にはどうすることもできない原因により病気になり、犯行に及んでしまった以上、被疑者・被告人を法的に非難することはできない、などと説明する方が理解されやすいように思われる。
>
> (田岡直博)

Ⅲ 責任能力判断の実情

　責任能力判断が歴史的なものであるならば、過去の裁判例でどのような判断がなされてきたのかを見ておくことが参考になる。ここでは統計を基に、どのような病名の被疑者・被告人が、心神喪失・心神耗弱と判断されてきたのかを見てみよう。

1　病名ごとの判断傾向

　平成17年版犯罪白書までは、捜査段階と判決段階のそれぞれで、心神喪失・心神耗弱と判断された被疑者・被告人の病名の区分が掲載されていた。

(1) 犯罪白書

　これによると、統合失調症（かつては、精神分裂病と呼ばれていた。）が圧

表1　心神喪失者・心神耗弱者と認められた者の罪名・精神障害の内訳

（平成7年～16年）

年次(区分)	総数	不起訴			裁判		
		計	心神喪失	心神耗弱	計	心神喪失	心神耗弱(刑の減軽)
精神障害名別							
統合失調症(精神分裂病)	402	372 (92.5)	234 (58.2)	138 (34.3)	30 (7.5)	6 (1.5)	24 (6.0)
そううつ病	51	46 (90.2)	25 (49.0)	21 (41.2)	5 (9.8)	1 (2.0)	4 (7.8)
てんかん	9	6 (66.7)	2 (22.2)	4 (44.4)	3 (33.3)	―	3 (33.3)
アルコール中毒	20	16 (80.0)	6 (30.0)	10 (50.0)	4 (20.0)	―	4 (20.0)
覚せい剤中毒	17	12 (70.6)	4 (23.5)	8 (47.1)	5 (29.4)	―	5 (29.4)
知覚障害	26	7 (26.9)	6 (23.1)	1 (3.8)	19 (73.1)	―	19 (73.1)
精神病質	8	6 (75.0)	―	6 (75.0)	2 (25.0)	―	2 (25.0)
その他の精神障害	116	96 (82.8)	47 (40.5)	49 (42.2)	20 (17.2)	―	20 (17.2)

（平成17年版犯罪白書　2-6-6-1表「心神喪失者・心神耗弱者と認められた者の罪名・精神障害別処分結果」から抜粋）
※（　）内は総数に対する構成比である。

倒的に多い。次いで、躁うつ病、知的障害、アルコール中毒、覚せい剤精神病などとなっており、精神病質（現在の診断基準では、パーソナリティ障害に相当する。）は少ない。

注目すべきは、捜査段階では、心神喪失不起訴だけでなく、心神耗弱不起訴（起訴猶予）が相当数あることである。これは、被疑者・被告人が統合失調症等の精神病である場合には、刑罰よりも医療処遇の方が相応しいと判断される事例が多かったためであると推測される（平成17年以前は医療観察法が存在しなかったので、多くの事例で、精神保健福祉法による通報に基づき措置入院等の医療措置が執られていた。）。[*3]

⑵　医療観察法

また、医療観察法施行後、入院処遇になった者の内訳を見ても、やはり統合失調症等の精神病の者が圧倒的に多い。もともと統合失調症の有病率が高いことを考慮しても、統合失調症の場合には、心神喪失・心神耗弱と判断されることが多いという傾向は見てとれるだろう。

他方で、少数とはいえ、パーソナリティ障害（人格障害）、精神遅滞、発達障害等の場合でも、医療観察法の入院処遇となっている者がいることも見過ごせない。日弁連の判例分析でも、パーソナリティ障害で心神耗弱と判断された事例が2件、アスペルガー障害で心神耗弱と判断された事例が1件あることが判明している。[*4]

このように統合失調症の被疑者・被告人は心神喪失・心神耗弱と判断されることが多いが、完全責任能力と判断された事例もある。他方で、パーソナリティ障害であっても当然に完全責任能力と判断されるわけではなく、心神耗弱と判断された事例が現れている。その背景には、「被告人の犯行当時の病状、犯

---

*3　平成17年版犯罪白書資料2-16によると、心神喪失者・心神耗弱者と認められた者649名のうち、措置入院383名（59.0%）、その他の入院99名（15.3%）、実刑・身体拘束5名（8.5%）、通院治療25名（3.9%）であり、治療なしは31名（4.8%）に過ぎない。

*4　大阪地判平成23年11月11日（軽度精神発達遅滞、境界性パーソナリティ障害）、大阪地判平成24年2月22日（境界性人格障害）、宮崎地判平成25年7月29日（アスペルガー障害）。

行前の生活状態、犯行の動機・態様等」を総合考慮して判断すべきであるとした最三小決昭和59年7月3日刑集38巻8号2783頁の影響があるが、それだけでなく、精神医療の現場において操作的診断基準が用いられるようになり診断名の持つ意味が変化していることも関係していよう。

表2　医療観察法の入院対象者の内訳

F0	症状性を含む器質性精神障害	9名
F1	精神作用物質使用による精神および行動の障害	50名
F2	統合失調症、統合失調型障害および妄想性障害	619名
F3	気分（感情）障害	36名
F4	神経症性障害、ストレス関連障害および身体表現性障害	6名
F6	成人のパーソナリティおよび行動の障害	7名
F7	精神遅滞［知的障害］	10名
F8	心理的発達の障害	9名
G4	挿間性及び発作性障害(てんかん)	1名

(厚生労働省ホームページ「医療観察法の入院対象者の状況」)

> **コラム**
>
> ### 医療観察法
>
> 　医療観察法は、「心神喪失等の状態で重大な他害行為を行った者の医療及び観察等に関する法律」の略称である（平成17年7月15日施行）。
> 　医療観察法は、①放火、②強姦・強制わいせつ、③殺人、④強盗、⑤傷害のいずれかの罪（未遂を含む。）を犯した場合に、心神喪失者又は心神耗弱者であることを理由に不起訴（起訴猶予を含む。）若しくは、無罪又は執行猶予の確定裁判を受けた者を対象者としている（2条）。
> 　検察官は、対象者につき、不起訴処分又は確定裁判があったときは、必要が明らかにないと認める場合を除き、申立てをすることが義務付けられている

(33条)。裁判所は、検察官が心神喪失者と認めて不起訴処分にしたが、心神耗弱と認めた場合にはその旨の決定をしなければならず、検察官は告知を受けた日から２週間以内に申立てを取り下げるか否かを通知することとされているが（40条２項）、実際に申立てを取り下げることはまれである。

　裁判所は、対象者が「心神喪失者及び心神耗弱者のいずれでもないと認める場合」には、申立てを却下することになる（40条１項２号）。この場合に検察官は、改めて公訴を提起することができる。なお、「心神喪失者及び心神耗弱者のいずれでもない」ことを理由に申立てが却下された件数は、2724件のうち86件あり（平成17年７月15日〜平成24年12月31日）、実際に一旦は心神喪失であることを理由に不起訴となったにもかかわらず、裁判員裁判で責任能力が認められ、有罪判決を受けた事例もある。

（田岡直博）

2　心神喪失判決の減少傾向

(1)　心神喪失判決の件数

次に司法統計を見ると、捜査段階では心神耗弱でも不起訴（起訴猶予）とされる事例がある一方で、判決段階で心神喪失と判断される事例は極端に少ない。

昭和59年当時、年間10件程度あった心神喪失判決はその後減少に転じ、平成11年〜平成12年には遂に年間０件にまで落ち込んだ。厳密な因果関係は検証不能であるが、最三小決昭和59年７月３日刑集38巻８号2783頁の影響により責任能力判断が厳格化したためであると言われる。その後、徐々に上昇に転じ、平成20年には再び10件を突破する。これは、医療観察法の施行による影響であると考えられる[*5]。

ところが、その後、再び減少に転じており、これは司法研究や裁判員法の施行による影響と考えられる。裁判員法の施行５年間で、心神喪失判決は６件し

＊5　池原毅和「基調報告 精神医療福祉と刑事司法の相互純化」論究ジュリスト３号（2012年）190頁。

かない（平成27年3月末日現在。ただし、近時、再び上昇のきざしが見られる。）。[*6]

図1　心神喪失判決の件数

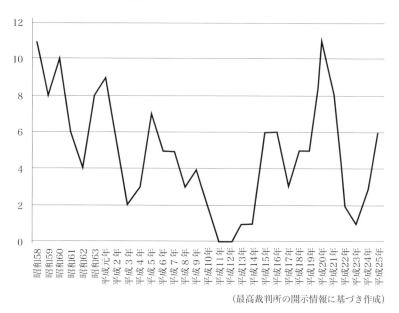

（最高裁判所の開示情報に基づき作成）

(2)　不起訴件数の増加傾向

　もっとも、このような見方には一定の留保が必要である。裁判員法の施行により、起訴前鑑定の実施件数と起訴猶予率が急増しているからである。起訴前鑑定の件数（被疑者段階の鑑定留置状の発付件数）は、平成19年までは200件前後であったのが、平成21年から急増し、平成22年以降は500件近くに達している。

　また、起訴猶予率は徐々に上昇しており、特に殺人は4.2％（平成20年）

＊6　心神喪失判決は、京都地判平成24年12月7日（統合失調症）、京都地判平成25年2月26日（統合失調症）、神戸地姫路支判平成25年3月27日（精神症状を伴う重症うつ病エピソード）、東京地判平成25年7月2日（統合失調症）、大阪地判平成26年9月3日（うつ病）、福岡地判平成26年10月20日（精神作用物質による残異性及び遅発性の精神病性障害及び精神作用物質による精神病性障害）。なお、公訴棄却判決は、鳥取地決平成25年7月22日（統合失調症）、新潟地決平成27年2月13日（統合失調症）。

→11.6％（平成24年）、放火は14.7％（平成20年）→25.4％（平成24年）と急増している。これは起訴猶予率であり、心神喪失不起訴の率を示すものではないが、前述のとおり、心神耗弱の場合に不起訴（起訴猶予）とされる事例があることからすると、責任能力判断が微妙な事案は不起訴になっていると推測される。

図2　鑑定留置状の発付件数

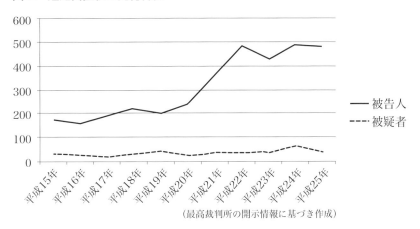

（最高裁判所の開示情報に基づき作成）

図3　起訴猶予率

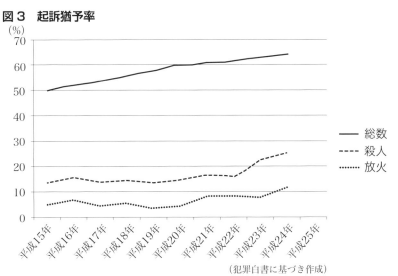

（犯罪白書に基づき作成）

Ⅳ 責任能力弁護の課題

1 弁護活動の分かりにくさ

このような留保を踏まえた上で、なお心神喪失判決が少なすぎる感は否めない。その背景には、司法研究が複数鑑定に消極的な姿勢を打ち出したため、弁護人が再鑑定を請求したり、私的鑑定（当事者鑑定）を実施した医師の証人尋問を請求しても、却下される事例が増えていることがあると推測される。

また、これも厳密な因果関係は検証不能であるが、司法研究が鑑定人には責任能力に直結する意見は述べさせないようにする方針を打ち出し、鑑定人の側でもいわゆる「手引き」方式の鑑定が増えていることが影響している可能性もある。しかし、要因の一つに弁護人の対応態勢が遅れていることがあることも否定できないように思われる。

図4 裁判員等経験者に対するアンケート調査結果

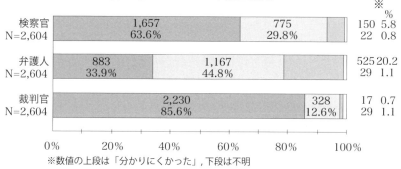

※数値の上段は「分かりにくかった」, 下段は不明

裁判員等経験者に対するアンケート調査結果報告書（平成24年度）

裁判員等に対するアンケート結果[*7]によると、85.6％の裁判員が裁判官の説明等は「分かりやすかった」と答えているのに対し、検察官は63.6％、弁護人は33.9％にとどまっている。否認事件になると、「分かりやすかった」と答えた裁判員の割合は更に低下し、検察官は61.8％、弁護人は25.1％しかない。その原因は「法廷で話す内容が分かりにくかった」「事件の内容が複雑」「調書の朗読が長かった」の順に多く、自由記載欄は「専門用語が分かりにくかった」が最も多かったとされている。これでは、本来、心神喪失とされるべき事件が、弁護活動が不十分であったために、誤って有罪（完全責任能力または心神耗弱）とされているのではないかという危惧すら生じかねない。

2　弁護人に求められる役割

　責任能力や精神鑑定はただでさえ難解であるのに、集中審理により判決が言い渡される裁判員裁判において、短期間のうちに裁判員にこれを正しく理解してもらうことは至難の業である（もちろん医療関係者や精神障害者の家族が裁判員になる可能性はあるが、そのような稀な可能性を期待することはできない。）。

　裁判員に正しく理解してもらうためには、その前提として、まず弁護人自身が精神鑑定の内容を正しく理解していなければならない。自分が理解できていないことを他人に説明できるはずがないからである。さらに、弁護人が理解できたことの中からエッセンスを取り出し、それを裁判員に分かりやすく説明するための尋問や弁論の技術も求められる。さらに、責任能力の意義や判断方法について、その存在意義に立ち返った本質的な説明が求められる場合もあり得よう。

　精神障害を有する被疑者・被告人が、自分で自分の権利を護ることは期待できない。依頼人を護ることができるのは、弁護人をおいてほかにないのである。裁判員裁判に対応する知識と技術を身に付けることは弁護人の責務であると同時に、裁判員裁判において責任能力判断が正しくなされることを担保する前提条件でもある。

（田岡直博）

[*7]　裁判員等経験者に対するアンケート　調査結果報告書（平成24年度）（http://www.saibanin.courts.go.jp/topics/pdf/09_12_05-10jissi_jyoukyou/h24_keikensya.pdf）。

第2章

責任能力の意義[*8]

I　はじめに

　弁護方針を確立するには、その前提として、どのような場合に心神喪失・心神耗弱と判断されるのかを知っておかなくてはならない。例えば、統合失調症の被疑者・被告人を弁護するにしても、裁判例ではどのような要素が考慮されているのか、また、どのような事例で心神喪失になっているのかを知らなければ、効果的な主張立証はできないであろう。

　また、責任能力が問題となる事件では、起訴前に精神鑑定が実施されることが多い。例えば、精神鑑定の鑑定主文が「弁識能力及び制御能力が障害されていた」というものであった場合、精神鑑定にどこまでの拘束力があるのかを知らなければ、起訴前鑑定を争うかどうかの判断はできないであろう。

　その意味で、責任能力の意義及び判断方法を正しく理解しておくことは、捜査段階、公判前段階及び公判段階を通して、すべての弁護活動の基礎である。

II　責任能力の意義

1　責任能力

　まず、責任能力とは何かが問題である。これを「責任能力とは○○である」と積極的に定義することは意外に難しい。

＊8　本章で引用する裁判例のうち出典を明示しないものは、日弁連が全国の弁護士会を通じて収集した裁判員裁判の判決である。そのうち65件は「責任能力が問題となった事件の判決書一覧表」季刊刑事弁護69号（2012年）114頁に整理されている。

裁判員裁判の模擬裁判では、「責任能力とは、弁識能力（弁別能力）及び制御能力である」という説明がなされたことがあった。しかし、このような説明では、弁識能力及び制御能力という心理学的要素のみが責任能力の要素であるかのように誤解されるおそれがある（また、講学上は刑法40条の瘖唖者〔削除〕、刑法41条の刑事未成年も含めて、責任能力と呼ぶことが通例である、という問題もある。）。

　学説上は、刑法39条は確認規定であり、「精神の障害」要件は原理的には不要であるという見解が有力に主張されているが（原理的不要説）、実務上は、刑法39条は政策的（創設的）な不処罰規定であるという理解が一般的であるように思われる（ただし、いかなる意味で「政策的」であるのかは、必ずしもコンセンサスが確立されているとは思われない。）。裁判例でも「精神の障害」要件を欠く場合には弁識能力及び制御能力を検討するまでもなく完全責任能力と判断されることが多く、期待可能性の欠如による責任阻却は極めて極限的な場合に限定されている。[*9]

　そもそも責任能力という用語は、法令上の用語ではない。一般に、裁判員には条文に則した説明の方が理解されやすいようである。そこで、刑法39条の文言に則して、「心神喪失（心神耗弱）とは何か」を説明する方が分かりやすいと思われる。すなわち、刑法39条は「心神喪失者の行為は、これを罰しない」「心神耗弱者の行為は、その刑を軽減する」と規定しているが、ここでいう「心神喪失」とは精神の障害により事物の理非善悪を弁識する能力またはその弁識に従って行動を制御する能力が全くない状態をいい、「心神耗弱」とは精神の

[*9]　「精神の障害」要件を欠くため、弁識能力及び制御能力を検討するまでもなく完全責任能力であると判断された裁判例として、横浜地判平成23年11月8日、大阪地判平成24年2月13日、大阪地判平成22年6月29日等多数。また、神戸地尼崎支判平成25年10月31日は「被告人3名の各弁護人らは、責任能力の有無・程度を判断するに当たり、学習性無能力感による無批判・無抵抗状態や心理的狭窄に陥っている状態なども、広く精神の障害に含めるべきである旨主張するが、これらはいずれも心理学的要素であることが明らかであるから、上記主張はいずれも採用できない」として、「精神の障害」要件を欠くことを理由に、完全責任能力であると判断している。また、期待可能性の理論による責任阻却は「客観的にみてその行為が心理的に抵抗できない強制下で行われた場合などの極限的な事態において、初めて認められる」として、弁護人の主張を排斥している。

障害によりそのような能力が著しく減退した状態をいう、と説明するのである（大判昭和6年12月3日刑集10巻12号682頁。なお、最二小判昭和53年3月24日刑集32巻2号408頁、改正刑法草案16条参照）。逆に言えば、心神喪失でも心神耗弱でもない者が完全責任能力である。このように責任能力は、消極的に定義できるにとどまる。[*10]

> **大判昭和6年12月3日刑集10巻12号682頁**
> 　心神喪失ト心神耗弱トハ　孰レモ精神障碍ノ態様ニ属スルモノナリト雖其ノ程度ヲ異ニスルモノニシテ　即チ前者ハ　精神ノ障碍ニ因リ事物ノ理非善悪ヲ弁識スルノ能力ナク又ハ此ノ弁識ニ従テ行動スル能力ナキ状態ヲ指称シ　後者ハ精神ノ障害未ダ上叙ノ能力ヲ欠如スル程度ニ達セザルモ其ノ程度著シク減退セル状態ヲ指称スルモノナリトス

> **最二小判昭和53年3月24日刑集32巻2号408頁**
> 　右のような、被告人の病歴、犯行態様にみられる奇異な行動及び犯行以後の病状などを総合考察すると、被告人は本件犯行時に精神分裂病の影響により、行為の是非善悪を弁識する能力又はその弁識に従つて行動する能力が著しく減退していたとの疑いを抱かざるをえない。

> **改正刑法草案16条**
> 　精神の障害により、行為の是非を弁別し又はその弁別に従って行動する能力がない者の行為は、これを罰しない。
> 　2　精神の障害により、前項に規定する能力が著しく低い者の行為は、その刑を軽減する。

＊10　『大コンメンタール刑法　第3巻（第二版）』（青林書院、1999年）367頁［島田仁郎＝島田聡一郎］。

なお、「完全」責任能力という表現は、弁識能力及び制御能力が「著しい」とは言えない程度に障害されていた場合でも、「完全」な責任能力を有する以上は量刑上被告人に有利な事情として考慮する必要はないとの誤解を招くおそれがあるため、「通常」責任能力という表現を用いるべきであるという提案がある[*11]。実際に裁判員裁判で、このような表現を用いて評議を行ったという報告があり、参考になる。

2　精神の障害

　責任能力判断の第一の関門は、「精神の障害」である。実務上は、「精神の障害」がなければ、弁識能力及び制御能力を問題にするまでもなく、完全責任能力であると判断されるのが通例である。言い換えれば、いかに弁識能力及び制御能力が障害されていたとしても、それが「精神の障害」によるものであると言えない限り、責任能力の減免は問題にならないということである（期待可能性や違法性の意識の欠如による責任阻却の問題は残るが、現実には、これらによる免責が認められることは極めて稀である。）。

　実務上、しばしば問題になるのは、パーソナリティ障害（人格障害）や発達障害である。裁判官・検察官や鑑定人の中には、パーソナリティ障害は、およそ「精神の障害」には当たらないから完全責任能力である、と主張する者が少なくない。しかし、これは形を変えた「不可知論」と言うべきであろう。裁判例にも、パーソナリティ障害や発達障害が「精神の障害」に当たることを前提に、心神耗弱を認めたものがある[*12]。結果的に、心神喪失又は心神耗弱が認められることが稀であるとしても、それが裁判員の判断（事実認定及び法の適用）を経ずに完全責任能力を認定してよい理由になるとは考えられない。

　「精神の障害」は、医学概念ではなく、法的概念であり（いわゆる「法律学的疾病概念」）。原理的不要説の立場からはもちろん、刑法39条を政策的不処罰規定と解する立場からも、責任能力の実体が弁識能力及び制御能力にあると

[*11]　森下忠「海外刑法だより（278）　通常責任能力の提唱」判例時報2004号（2008年）15頁。
[*12]　大阪地判平成23年11月11日（軽度精神発達遅滞、境界性パーソナリティ障害）、大阪地判平成24年2月22日（境界性人格障害）、宮崎地判平成25年7月29日（アスペルガー障害）。

解する以上、およそ弁識能力及び制御能力に影響を与え得るものであれば「精神の障害」に含まれることを否定する理由はない[*13][*14]。入口の段階では、パーソナリティ障害や発達障害も「精神の障害」に当たるとした上で、それらが弁識能力及び制御能力に与えた影響を実質的に判断すれば足りよう。

> **コラム**
>
> ### パーソナリティ障害は「精神の障害」か
>
> 　パーソナリティ障害が「精神の障害」に当たらないとする見解は、沿革的には、旧ドイツ刑法51条が、精神の障害を病的な精神障害、意識障害及び精神遅滞の3つを限定列挙していたことに由来するようである（このうち「病的な精神障害」とは、外因性精神病及び内因性精神病を指すという解釈が一般的であった。なお、外因性とは器質性精神病、内因性とは統合失調症や躁うつ病などをいう）。しかし、我が国の条文及び判例上は、そのように限定的に解釈する理由はない。本国ドイツでも、現ドイツ刑法20条には「その他の重大な精神的偏倚」が追加され、パーソナリティ障害が「精神の障害」に含まれることが明確になっている[*15]。したがって、少なくとも今日では、パーソナリティ障害が「精神の障害」に当たらないとする根拠は失われていると言えよう。
>
> 　　　　　　　　　　　　　　　　　　　　　　　　　　（田岡直博）

＊13　森裕「責任能力論における精神の障害について」阪大法学56巻661頁（2006年）は、「認識能力と制御能力に影響を与え得る精神状態像、或いは精神症状」と定義することを提案している。

＊14　『刑事責任能力に関する精神鑑定書作成の手引き　平成18～20年度総括版(ver.4.0)』は、「幅広い精神障害を『DSMやICDに掲載されているから』という理由だけで、この法律的な文脈でいう『精神の障害』と認めて良いのかについて、慎重であるべきであり、そう認めるにあたっては鑑定書のなかで相応の説明をする必要があると思われる」とし、その具体例として、小児性愛、露出症、窃盗癖、放火癖、反社会性パーソナリティ障害を挙げている（同13頁以下）。

＊15　中谷陽二「パーソナリティ障害は完全責任能力者か」精神科14巻3号（2009年）202頁。ただし、岡田幸之「刑事責任能力再考――操作的診断と可知論的判断の適用の実際」精神神経学雑誌107巻第9号（2005年）929頁は「責任能力に"著しい"障害があると判断されるのは特殊な事例であると考え、説明は相当に尽くされる必要がある」という。

なお、被疑者等に通院歴がない場合には、病名（診断名）を特定できない場合もあるが、確定診断が付けられなくても、弁識能力及び制御能力に影響を与え得る精神状態ないし精神症状が認められる限り、「精神の障害」に当たり得ることは当然である[*16]。例えば、鑑定請求の段階では、「何らかの精神障害」という程度の特定でも足りると考えるべきであろう。

3　弁識能力・制御能力

　「精神の障害」が特定できれば、次に問題となるのが弁識能力及び制御能力である。責任能力の実体が、心理学的要素である弁識能力及び制御能力にあることは間違いない。

　ここで重要なことは、「能力」と言っても、一般的な能力の問題ではなく、当該行為についての個別具体的な能力の問題だということである[*17]。すなわち、弁識能力と言っても、抽象的な「事物ノ理非」が弁識できる能力ではなく、当該行為の違法性を認識しうる能力をいうのであり[*18]、制御能力というのも、自己の意思に基づいて行動する一般的な能力（行為能力ないし行為性）ではなく、(違法と弁識された) 当該行為を思いとどまることができる能力をいうのである[*19]。

　検察官は、「殺人が悪いことだと分かっているから、弁識能力があった」「殺害という目的に向けて合理的な行動をとっているから、制御能力があった」などと主張することがあるが、これは弁識能力及び制御能力の意義を一般的能力と誤解するものである。仮に抽象的に殺人が悪いことだと分かっていても、具体的な状況下において被告人がした殺害行為が悪いことだと分かっていなければ、弁識能

---

*16　横浜地判平成23年5月17日は「統合失調症ないしは統合失調症に類似する症状を呈する精神障害」と判示しており、診断名を特定していない（鑑定人は、「被告人は、統合失調症ではないと診断し、被告人に見られた上記のような症状はアルコールや覚せい剤等の薬物の影響によるもの」と証言したが、それらを摂取した証拠はないとして排斥されている。）。
*17　団藤重光「責任能力の本質」刑法講座第3巻（有斐閣、1963年）36頁。
*18　最判昭和29年7月30日刑集8巻7号1231頁は「刑法上心神喪失者であるというのはその犯行の当時において行為の違法性を意識することができず又はこれに従つて行為をすることができなかつたような無能力者を指（す）」と判示している。
*19　『最高裁判所判例解説刑事篇平成20年度』11事件359頁［前田巌］参照。

力が否定されることは当然である[*20]。同様に、犯行時に合理的に行動できていたとしても、当該犯行を思いとどまることができなければ、制御能力が否定されるのである。このような実体を裁判員に正しく伝えるためには、制御能力は「思いとどまる能力（ブレーキをかける能力）」と言い換えるべきである[*21]。

　裁判例の中には、「自分の行動が善いことか悪いことかを判断し、その行動を思いとどまる能力を著しく失った状態」（松江地判平成22年1月29日）、「やってはいけない行為を抑えることができることがかなり難しい状態」（東京地判平成22年2月18日）、「自分の行動について、その善悪を判断することが著しく困難か、又は、悪いことだと分かっていても自分の行動をコントロールしてやめることが著しく困難な状態」（東京地判平成22年9月3日）、「本件犯行当時、自分の行っている行動が良いことか悪いことかを理解し、悪いことであれば行動に出ることを思いとどまることができる能力」（大分地判平成23年2月2日）、「自分がやろうとしていることが悪いことだとは分かりつつも、それをやめることが困難な状況」（東京地判平成23年7月13日）、「自分の行動が悪いかどうかを判断する能力や、その判断に従って行動を思いとどまる能力」（松山地判平成24年4月26日）等の表現を用いたものがある。特に心神喪失と判

[*20] 山口雅高「責任能力の認定手法に関する試論」『現代刑事法の諸問題』（植村立郎判事退官記念論文集）第3巻（立花書房、2011年）400頁以下は「統合失調症に罹患した者が殺人を行った場合、人を殺すことについての善悪の判断ができるかどうかが、是非弁別能力であるとすれば、それを備えていない者は殆どいないといっていいであろう……是非弁別能力は、そういう抽象化された次元での善悪が区別できる能力ではないのである」「行為者は、人を殺害することが許されない悪い行為であることは理解しているが、病的な精神状態の影響のため、自分が置かれている状況の下では、被害者を殺害することは許されると考えているのであり、そういう意味から、是非弁別能力を失っているとか、是非弁別能力が著しく減弱しているという判断になるのである。要するに、責任能力を判断する上では是非弁別能力は、行為者の具体的に置かれた状況の下での行為者の精神状態を基準にして判断されるものであ（る）」と指摘している。

[*21] 安田拓人「責任能力の具体的判断枠組みの理論的検討——司法研究『難解な法律概念と裁判員裁判』を素材として」刑法雑誌51巻2号（2012年）263頁は、「制御能力は、行動をコントロールし犯罪を遂行する、エンジンに関わる能力ではなく、犯行を思いとどまる、ブレーキに関する能力である。」「判例における総合判断において考慮される犯行前後の行動など、認定可能な具体的事情は、全て具体的犯行を推進するエンジンに関わる事情であり、ブレーキに関する能力は、こうした事情からダイレクトに判断できるものではないのである。」と指摘している。

断した裁判例で、「精神の障害により、善悪を判断する能力及び自己の行動を抑える能力の両方あるいはそのいずれかを欠く状態」（京都地判平成24年12月7日）、「放火行為を思い止まることができなかった可能性を否定することはできない」（神戸地姫路支判平成25年3月27日）、「自分の意思で思いとどまることが全くできない状態」（大阪地判平成26年9月3日）という表現が用いられていることは、注目に値する（なお、原審の裁判員裁判を破棄し、心神喪失を認定した福岡高判平成23年10月18日でも、「被告人の責任能力の有無・程度について判断するに当たっては、被告人が、（母）や（弟）を殺害するために合目的的で合理的な行動をとっていたかどうかというよりは、被告人に（母）や（弟）の殺害を思い止まる可能性が認められたかどうかについて検討すべきであると考えられる」と指摘されている。）。

なお、学説上、弁識能力は「違法性の意識の可能性」、制御能力は「（適法行為の）期待可能性」に対応すると説明されることがある[*22]。実体はそのとおりであるが、実務上、期待可能性の欠如による責任阻却は極限的な場合にしか認められておらず、心神喪失の方が緩やかに判断されているように思われる。また、裁判例では、弁識能力と制御能力を区別し、いずれか一方のみが喪失又は著しく障害されていたと判断している裁判例もある[*23]。

また、心神喪失・心神耗弱は「状態」であり、当該行為ごとに判断するので、部分責任能力も肯定されている（神戸地判平成23年12月14日は、被害者の頭部を一升瓶で殴り首を絞めて殺害した後、その遺体を山中に埋めたという殺人・死体遺棄被告事件で、殺人についてのみ心神耗弱を認定している。）。

4 「ない」「著しい障害」

さらに、弁識能力・制御能力が「ない」又は「著しく障害」されているとい

＊22　町野朔『「精神障害」と刑事責任能力・再考・再論』『内田文昭先生古稀祝賀論文集』（青林書院、2002年）148頁。

＊23　神戸地判平成23年12月14日（弁識能力が著しく低下していたと判断）、高松地判平成24年12月21日（制御能力が著しく減弱していると判断）、神戸地姫路支判平成25年3月27日（制御能力がなかった可能性があると判断）、名古屋地岡崎支判平成24年2月17日（弁識能力が著しく障害されていると判断）。

える必要がある。検察官は「(弁識能力・制御能力が)まったくないとは言えないから、完全責任能力である」と主張することが多いが、これらの能力が文字どおり「まったくない」状態は想定しがたい。責任非難は規範的判断であるから、実質的に見て「ないに等しいような状態」であれば、心神喪失と判断すべきである。[*24] また、心神喪失と心神耗弱の差は相対的なものであり、「同じくこの能力が低いといっても、さらにその程度の差により、心神喪失ともなり心神耗弱ともなる」と指摘される。[*25]

また、責任能力が「ない」「著しく障害されている」とは言えないことの挙証責任が検察官にあることも意識する必要がある。[*26] 裁判員に対しては、弁識能力・制御能力が「ない」「著しく障害」されていることの判断を求めるのではなく、被告人が犯行を「違法であると分かっていた」「思いとどまることができた」かどうかの判断を求めるべきであろう(一般に、「ない」ことの証明は困難であるから、検察官に「ある」ことを証明させるべきである。)。

Ⅲ　責任能力の判断方法

1　総合的判断方法(昭和59年決定)

責任能力の判断方法については、昭和59年決定が重要である。最三小決昭和59年7月3日刑集38巻8号2783頁は、統合失調症(精神分裂病)の被告人の責任能力が争われた事件において、「原判決が……右鑑定書全体の記載内容

[*24] 福岡地判平成24年1月30日は弁識能力及び制御能力が「全くないか、又はないに等しい状態」であったとして、心神喪失を認定している。

[*25] 『大コンメンタール刑法　第3巻(第2版)』(青林書院、1999年)370頁以下[島田仁郎＝島田聡一郎執筆]は、「これがまったく欠けている状態というものが果たしてあるかどうかは疑問であり、少なくとも、ないに等しいような状態は、むしろ心神喪失とすべきである。その意味では、同じくこの能力が低いといっても、さらにその程度の差により、心神喪失ともなり心神耗弱ともなる」と指摘している。

[*26] 大澤達哉「鑑定人および裁判官と刑事責任能力判断に関わる要因の研究——裁判所等を通して実施した全国50事例の関係記録の分析より」精神神經學雜誌109巻12号(2007年)1115頁は、挙証責任が検察官にあることを考慮して、①完全責任能力、②限定責任能力の可能性は除外できない、③限定責任能力、④責任無能力の可能性は除外できない、⑤責任無能力の5段階で評価するというドイツの例を紹介している。

とその余の精神鑑定の結果、並びに記録により認められる被告人の犯行当時の病状、犯行前の生活状態、犯行の動機・態様等を総合して、被告人が本件犯行当時精神分裂病の影響により心神耗弱の状態にあつたと認定したのは、正当として是認することができる」という職権判断を示した。[27]

最三小決昭和59年7月3日刑集38巻8号2783頁

（判決）
 原判決が、所論精神鑑定書（鑑定人に対する証人尋問調書を含む。）の結論の部分に被告人が犯行当時心神喪失の情況にあつた旨の記載があるのにその部分を採用せず、右鑑定書全体の記載内容とその余の精神鑑定の結果、並びに記録により認められる被告人の犯行当時の病状、犯行前の生活状態、犯行の動機・態様等を総合して、被告人が本件犯行当時精神分裂病の影響により心神耗弱の状態にあつたと認定したのは、正当として是認することができる。

（判決要旨）
 被告人が犯行当時精神分裂病に罹患していたからといつて、そのことだけで直ちに被告人が心神喪失の状態にあつたとされるものではなく、その責任能力の有無・程度は、被告人の犯行当時の病状、犯行前の生活状態、犯行の動機、態様等を総合して判定すべきである。

これ自体は法令の解釈を示したものではなく、個別事件における法令の適用を示したに過ぎない。しかし、「判決要旨」には、「被告人が犯行当時精神分裂病に罹患していたからといつて、そのことだけで直ちに被告人が心神喪失の状態にあつたとされるものではなく、その責任能力の有無・程度は、被告人の犯行当時の病状、犯行前の生活状態、犯行の動機、態様等を総合して判定すべき

---

*27 昭和59年決定の第一審及び原審において実施された精神鑑定書は、西山詮『精神分裂病者の責任能力——精神科医と法曹の対話』（新興医学出版社、1996年）に収載されている。

である」という判決原文にない表現が付加されており、いわゆる総合的判断方法を示したものと理解されている。

　このような理解を定着させたのが、調査官解説である。[*28] 調査官解説は、(1)精神分裂病の程度が重症である場合、幻覚・妄想等の病的体験に直接支配された場合は、心神喪失である、(2)精神分裂病の寛解状態にあるからといって直ちに完全責任能力を肯定することはできず、つぎの(3)の事情を考慮する、(3)その他の場合には、①精神分裂病の種類・程度（病状）、②犯行の動機・原因（了解可能性）、③犯行の手段態様（計画性、罪証隠滅工作）、④犯行前後の行動（行動の異常性）、⑤被告人の記憶の有無・程度、⑥犯行後の態度（反省の有無）、⑦精神分裂病発症前の性格（犯罪傾向）を総合考慮して判断するとし、しかも、「他の精神障害等を理由として責任能力が争われた場合にも基本的に妥当する」とした。これが、その後の下級審裁判例に大きな影響を及ぼしたと言われる（厳密な因果関係は検証不能であるが、昭和59年決定以降、心神喪失判決が激減した。）。

『最高裁判例解説刑事編昭和59年度』（法曹会、1988年）360頁　　[髙橋省吾執筆]

　本決定の判旨を敷衍しつつ、精神分裂病者の責任能力について考えてみると、一応次のように整理できるのではなかろうか。

(一)　精神分裂病の程度が重症である場合、幻覚、妄想等の病的体験に直接支配された犯行である場合には、通常、心神喪失と認められよう。従って、精神分裂病者の責任能力の有無・程度の判定にあたっては、まずその病状（精神分裂病の種類、程度等）の把握が最も重要であり、この点についての精神医学者等による精神鑑定の結果は大きな役割を果たすものと思われる。

＊28　『最高裁判例解説刑事編昭和59年度』360頁［髙橋省吾執筆］。また、高橋省吾「精神鑑定と刑事責任能力」小林充＝香城敏麿編『刑事事実認定──裁判例の総合的研究（上）』（判例タイムズ社、1992年）397頁参照。

㈡　精神分裂病の寛解状態にあるからといって直ちに完全責任能力を肯定することはできず、次の㈢の場合と同様の事情を考慮することが必要である。

㈢　その他の場合には、(1)精神分裂病の種類・程度（病状）、(2)犯行の動機・原因（その了解可能性）、(3)犯行の手段態様（計画性、作為性の有無、犯行後の罪証隠滅工作の有無を含む。）、(4)犯行前後の行動（了解不可能な異常性の有無）、(5)犯行及びその前後の状況についての被告人の記憶の有無・程度、(6)被告人の犯行後の態度（反省の情の有無）、(7)精神分裂病発症前の性格（犯罪傾向）と犯行との関連性の有無・程度等を総合考察して、被告人の責任能力を判断すべきことになろう。

コラム

「手引き」と「7つの着眼点」

昭和59年決定が掲げる総合考慮の要素と類似したものとして、「7つの着眼点」がある。

a．動機の了解可能性／了解不能性
b．行為の計画性、突発性、偶発性、衝動性
c．行為の意味・性質、反道徳性、違法性の認識
d．精神障害による免責可能性の認識の有／無と犯行の関係
e．元来ないし平素の人格に対する犯行の異質性、親和性
f．犯行の一貫性・合目的性／非一貫性・非合目的性
g．犯行後の自己防御・危険回避的行動の有／無

これは岡田幸之医師が中心になって作成した「刑事責任能力に関する精神鑑定書作成の手引き」（以下「手引き」という。）が、鑑定人に対して、精神鑑定書に記載することを提案したものである（ただし、平成18～20年度総括版（ver.4.0）では「推奨」ではなく「参考」に位置付けられており、書式のなかでは「別紙」に記載することとされている。）。

責任能力判断の基準のように誤解している裁判官・検察官・精神科医がいる

> が、「手引き」に明記されているとおり、「あくまでも法律家の視点から法廷などで問われる可能性の高い質問などを経験的に列挙したもの」に過ぎず、責任能力判断の基準ではない。
>
> 鑑定書に「7つの着眼点」を記載することについては精神科医からも批判があり[29]、平成23年に「刑事責任能力に関する精神鑑定書作成の手引き 追補(ver.1.1)」が発表されている。その中では、「7つの着眼点は精神障害と事件の関係の整理のための視点であって、どれかが当てはまる／ない、いくつ当てはまる／ない、といったことが責任能力を決するパワーを持つわけではない」「7つの着眼点を利用する場合、たとえば『動機が了解可能である』とか『行動は合目的である』などと決めることが目的ではないし、そこで終わる、あるいはそれが責任能力の結論を導くかのように扱うのは誤りである」と明記されている[30]。
>
> （田岡直博）

2 病的体験の直接支配性・本来の人格傾向の重視（平成21年決定）

昭和59年決定を踏まえ、総合考慮を行う際に中間的な要素として、病的体験の直接支配性と本来の人格傾向を重視すべきであるとしたのが、平成21年決定である。最一小決平成21年12月8日刑集63巻11号2829頁は、統合失調症の被告人の責任能力が争われた事件で、「原判決が……病的体験が犯行を直接支配する関係にあったのか、あるいは影響を及ぼす程度の関係であったのかなど統合失調症による病的体験と犯行との関係、被告人の本来の人格傾向と犯行との関連性の程度等を検討し、被告人は本件犯行当時是非弁別能力ないし行動制御能力が著しく減退する心神耗弱の状態にあったと認定したのは、その判断手法に誤りはなく、また、事案に照らし、その結論も相当であって、是認することができる」との職権判断を示した。

---

*29 「7つの着眼点」に対する批判として、中谷陽二「最高検察庁による精神鑑定書例に関する私見」精神神經學雜誌111巻11号（2009年）1363頁、吉川和男「精神鑑定をめぐる諸問題」こころのりんしょうa・la・carte28巻3号（2009年）461頁。

*30 なお、手引き及び追補は、国立精神神経医療研究センター司法精神医学研究部（http://www.ncnp.go.jp/nimh/shihou/download.html#body-experttestimoney）のウェブサイトからダウンロードすることができる。

最一小決平成21年12月8日刑集63巻11号2829頁

　裁判所は、特定の精神鑑定の意見の一部を採用した場合においても、責任能力の有無・程度について、当該意見の他の部分に事実上拘束されることなく、上記事情等を総合して判定することができるというべきである。原判決が、前記のとおり、佐藤鑑定について、責任能力判断のための重要な前提資料である被告人の本件犯行前後における言動についての検討が十分でなく、本件犯行時に一過性に増悪した幻覚妄想が本件犯行を直接支配して引き起こさせたという機序について十分納得できる説明がされていないなど、鑑定の前提資料や結論を導く推論過程に疑問があるとして、被告人が本件犯行時に心神喪失の状態にあったとする意見は採用せず、責任能力の有無・程度については、上記意見部分以外の点では佐藤鑑定等をも参考にしつつ、犯行当時の病状、幻覚妄想の内容、被告人の本件犯行前後の言動や犯行動機、従前の生活状態から推認される被告人の人格傾向等を総合考慮して、病的体験が犯行を直接支配する関係にあったのか、あるいは影響を及ぼす程度の関係であったのかなど統合失調症による病的体験と犯行との関係、被告人の本来の人格傾向と犯行との関連性の程度等を検討し、被告人は本件犯行当時是非弁別能力ないし行動制御能力が著しく減退する心神耗弱の状態にあったと認定したのは、その判断手法に誤りはなく、また、事案に照らし、その結論も相当であって、是認することができる。

　これも事例判断に過ぎないが、調査官解説では「これは、最近行われた『難解な法律概念と裁判員裁判』という司法研究においても、従来の裁判例では、統合失調症の影響を理由として責任能力が争われた場合、『犯行の動機や犯行が妄想に直接支配されていたか否かという点が最も重要視され、次いで、動機や犯行態様の異常性などが被告人の平素の人格（統合失調症に罹患する前からのもの）とかい離しているか否かという点も重視されている』と指摘されているところ……に沿うものといえる。本決定は、本件事実関係の下で、上記のように『難解な法律概念と裁判員裁判』において提示された上記のような判断手法を最高裁も基本的に是認したものと評価することも可能であると思われる」

と位置づけられている（司法研究の問題点については、第3章参照）。[*31]

IV 精神鑑定の拘束力

1 不拘束説（昭和58年決定）

責任能力が争われる事件では、精神鑑定が実施されることが多い。鑑定主文には、①精神障害、②精神障害が犯行に与えた影響の有無及び程度に加えて、③弁識能力・制御能力の有無及び程度に関する意見が記載されることがあるが、それに拘束力があるのかが争われてきた。[*32]最三小決昭和58年9月13日集刑232号95頁は、「被告人の精神状態が刑法39条にいう心神喪失又は心神耗弱に該当するかどうかは法律判断であつて専ら裁判所に委ねられるべき問題であることはもとより、その前提となる生物学的、心理学的要素についても、右法律判断との関係で究極的には裁判所の評価に委ねられるべき問題である」と判示して、不拘束説を採ることを明らかにした。

> **最三小決昭和58年9月13日集刑232号95頁**
>
> 被告人の精神状態が刑法三九条にいう心神喪失又は心神耗弱に該当するかどうかは法律判断であつて専ら裁判所に委ねられるべき問題であることはもとより、その前提となる生物学的、心理学的要素についても、右法律判断との関係で究極的には裁判所の評価に委ねられるべき問題であるところ、記録によれば、本件犯行当時被告人がその述べているような幻聴に襲われたということは甚だ疑わしいとしてその刑事責任能力を肯定した原審の判断は、正当として是認することができる。

＊31　『最高裁判所判例解説刑事篇平成21年度』669頁［任介辰哉］。

＊32　現在は、裁判所の実施する本鑑定では、③弁識能力・制御能力の有無及び程度に関する意見の報告を求めず、①精神障害の有無及び程度、②精神障害が犯行に与えた影響の有無及び程度とすることが多く、②に影響の「機序（仕方）」を加える例が増えている。他方、検察庁の実施する起訴前嘱託鑑定では、③弁識能力・制御能力の有無及び程度についても記載を求めている（最高検察庁「裁判員裁判の下における精神鑑定書の書式例」、http://www.kensatsu.go.jp/saiban_in/kanteisho.htm）。

2 鑑定意見の尊重（平成20年判決）

しかし、自由心証主義といえども証拠の評価は経験則及び論理則に従った合理的なものでなければならず、合理的な理由もなく鑑定人の判断を否定することは許されない。最二小判平成20年４月25日刑集第62巻５号1559頁は、「生物学的要素である精神障害の有無及び程度並びにこれが心理学的要素に与えた影響の有無及び程度については、その診断が臨床精神医学の本分であることにかんがみれば、専門家たる精神医学者の意見が鑑定等として証拠となっている場合には、鑑定人の公正さや能力に疑いが生じたり、鑑定の前提条件に問題があったりするなど、これを採用し得ない合理的な事情が認められるのでない限り、その意見を十分に尊重して認定すべきものというべきである」として、この理を明らかにした。

最二小判平成20年４月25日刑集第62巻５号1559頁

　生物学的要素である精神障害の有無及び程度並びにこれが心理学的要素に与えた影響の有無及び程度については、その診断が臨床精神医学の本分であることにかんがみれば、専門家たる精神医学者の意見が鑑定等として証拠となっている場合には、鑑定人の公正さや能力に疑いが生じたり、鑑定の前提条件に問題があったりするなど、これを採用し得ない合理的な事情が認められるのでない限り、その意見を十分に尊重して認定すべきものというべきである。

平成20年判決は、昭和58年決定以降の鑑定軽視の流れに歯止めをかけたものと評価できる[33]。ただし、何を尊重するのかについては、必ずしも理解が一致していない。調査官解説は「心理学的要素に与えた影響」と「心理学的要素」を区別し、「(a)生物学的要素である精神障害の有無及び程度並びにこれが心理

＊33　吉川和男「わが国の責任能力判定の行方」中谷陽二編『責任能力の現在──法と精神医学の交錯』（金剛出版、2009年）は「ここ最近の精神鑑定の結果を軽視する裁判所の風潮に歯止めをかける歴史的判決である」と評価するが、前掲注31『最高裁判所判例解説刑事篇平成21年度』663頁参照［任介辰哉］は「内容的には、当然のことを示したもの」に過ぎないという。

学的要素に与えた影響の有無及び程度に関する診断及びその報告の部分と、(b)当該鑑定人が、これを踏まえて、心理学的要素である弁識能力及び制御能力の有無・程度に関し、判断・報告する部分、さらには、(c)当該鑑定人が、犯行時の被告人の責任能力そのものにつき完全責任能力、心神耗弱、心神喪失のいずれであったかという結論的意見を述べている部分」のうち、「臨床精神医学の本分であるとされる(a)の部分に限られる」としている。[*34]

　基本的にはそのとおりであろうが、「生物学的要素である精神障害の有無及び程度並びにこれが心理学的要素に与えた影響の有無及び程度」に関する精神科医の意見を十分に尊重すべきであるとした平成20年決定の意義は小さくない。平成20年決定は「精神科医」としており鑑定人に限定していないため、有利な本鑑定がある場合はもちろん、主治医や協力医による私的鑑定の場合にも援用できる。ただし、私的鑑定の場合には「鑑定人の公正さや能力」「鑑定の前提条件」を問題にされることが多いため、この点のフォローが不可欠である(特に主治医は、中立性を問題にされることが多い。)。他方で、検察官の起訴前鑑定を弾劾しようとする場合には、「鑑定の前提条件」を弾劾することがポイントになる。詳しくは、第5章「公判前段階の弁護活動」、第6章「私的鑑定の活用」及び第7章「公判段階の弁護活動」を参照されたい。

『最高裁判所判例解説刑事篇平成20年度』（法曹会、2012年）361頁〔前田巌執筆〕

　　(a)　生物学的要素である精神障害の有無及び程度並びにこれが心理学的要素に与えた影響の有無及び程度に関する診断及びその報告の部分と、
　　(b)　当該鑑定人が、これを踏まえて、心理学的要素である弁識能力及び制御能力の有無・程度に関し、判断・報告する部分、さらには、(c)　当該鑑定人が、犯行時の被告人の責任能力そのものにつき完全責任能力、心神耗弱、心神喪失のいずれであったかという結論的意見を述べている部分とがあるときに、本決定が『鑑定人の公正さや能力に疑いが生じたり、鑑

＊34　前田巌・前掲注19書361頁。

定の前提条件に問題があったりするなど、これを採用し得ない合理的な事情が認められるのでない限り、その意見を十分に尊重』すべきものとしているのは、その判示に照らし、鑑定人の専門領域として、臨床精神医学の本分であるとされる(a)の部分に限られるとしているものと解される。

コラム

責任能力判断の8段階構造

「手引き」の分担執筆者である岡田幸之医師が、責任能力の判断方法を整理するツールとして、「責任能力の8段階構造」を提案している。[*35] これは、医学的診断から責任能力判断に至る構造を、①精神機能や精神症状に関する情報の収集、②精神機能や精神症状（健常部分を含む）の認定、③疾病診断、④精神機能、症状（健常部分を含む）と事件の関連性、⑤善悪の判断や行動の制御への焦点化、⑥法的な弁識・制御能力としての特定、⑦弁識・制御能力の程度の評価、⑧法的な結論の8段階に整理し、④までが精神医学の領域であり、⑤以降は法律家の領域であるとするものである。

精神科医と法律家の役割分担を明確にするためのツールとしては有用であるが、再鑑定ないし複数鑑定を行うべき場合に関し、①、②及び④に異論がある場合には再鑑定等に意味があるが（ただし、①のみに異論がある場合には、情報の補充や場合分けによる説明を求めれば足りる場合がある）、それ以外の場合には再鑑定等をする意味がない、という意見には異論の余地があり得よう。

（田岡直博）

V　責任能力判断の実際

最後に、実際の裁判員裁判で、どのように責任能力判断が行われているかを見ておこう。判決は、精神鑑定の内容や当事者の主張を踏まえた上での判断で

＊35　岡田幸之「責任能力判断の構造」論究ジュリスト2号（2012年）103頁、岡田幸之「刑事責任能力判断と裁判員裁判」法律のひろば67巻4号（2014年）41頁参照。

あるため、一概にどの精神障害ではどのような判断がなされているとは言えないし、判決は結論を正当化するための説明であり実際の心証形成過程を示すものではないという指摘もあるが、大まかな傾向を掴むことはできるだろう。何より、(とりわけ有罪判決の場合に)裁判所がどのようなロジックを用いて責任能力を判断しているのかを理解しておくことは、弁護戦略を考える上で参考になると思われる。

1　統合失調症・妄想性障害

統合失調症が問題となる犯罪には、殺人、傷害致死等の粗暴犯が多い。統合失調症の種類・程度（重症度）を踏まえた上で、動機の了解可能性、行動の合理性、違法性の認識、元来の人格との異質性等が総合的に検討されているが、

コラム

不可知論と可知論

司法精神医学では、不可知論と可知論の対立があるとされる。不可知論は、精神科医は、精神障害が弁識能力及び制御能力に与えた影響を判断することはできない、とする立場である。この立場によると、精神科医の役割は医学的診断（疾病診断）を下すことであり、責任能力はコンベンション（慣例）に従い判断されることになる。他方、可知論は、精神科医も、精神障害が弁識能力及び制御能力に与えた影響を判断することができるとする立場である。「手引き」は、「可知論的な視点」から行うことを推奨している。ただし、「手引き」が推奨しているのは、あくまで可知論「的」判断である。

「手引き」は、同時に可知論に限界があることも認めており、精神科医が全てを判断できるという前提には立っていない。「○○先生は不可知論者であるから、鑑定の前提条件に問題がある」といった決めつけは有害無益である。精神鑑定の評価は、限界があることを踏まえた上で、結論を導くプロセスがどれだけ説得的に記述されているかにより評価されるべきであろう。

(田岡直博)

幻覚・妄想等の陽性症状が見られる場合には、これが犯行に与えた影響が特に重視されている。その結果、幻覚・妄想の影響が直接的である場合には、心神喪失と判断されている（心神喪失と判断された6件のうち3件は統合失調症であり、1件は躁うつ病であるが精神症状を伴う症例であった。）。

　まず、自己の行為が正当防衛であるといった直接的な幻覚・妄想がある場合には、心神喪失と判断されている（京都地判平成24年12月7日）。逆に、幻覚・妄想の内容が「人を殺せ。」といった直接的に犯行を指示するものでないことを理由に責任能力を肯定する裁判例がある（横浜地判平成24年10月16日）。しかし、必ずしも直接的に犯行を指示する幻覚・妄想がなくても、動機と犯行の間に大きな飛躍がある場合には心神喪失と判断される場合はある（東京地判平成25年7月2日は、「動機に了解が可能な部分も残っていると見る余地がある」としながら、「常識から考えても、動機として飛躍があるのではないかという疑問が残る」ことを理由に、心神喪失と判断している。）。

　反対に、直接的な犯行の動機が（妄想ではなく）被害者に怒りを覚えたことであることを理由に責任能力を肯定する裁判例がある（福岡地判平成24年1月30日）。しかし、問題は被害者に怒りを覚えた理由であり、その背景に妄想があるにもかかわらず、直接的な動機だけを取り出して了解可能と評価することは疑問である（前掲・福岡地判平成24年1月30日では、被害者が、被告人を苦しめる物音を出したり、被告人の悪口を言ったりしており、また、その周囲には被害者の知り合いが複数名いるのではないかとの妄想があった。）。京都地判平成25年2月26日は、被害者から70個ぐらいの嫌がらせを受けて来たと思い、被害者に腹立たしい感情を持っていたところ、本件当日にTシャツが床に落ちたため、被害者の仕業だと考えて怒りを爆発させて本件犯行に及んだという動機につき、前記の70個ぐらいの嫌がらせの大部分が妄想であり、かつ、本件当日にTシャツが床に落ちたのが被害者の仕業であるというのも妄想であるから、「その動機は常識に照らすと了解不可能なものといわざるをえない」と判断している。

　なお、犯行を決意したことには妄想の影響があるが、犯行を決意した後の行動には妄想の影響はないとして、犯行の決意と実行を区別する裁判例がある

(東京地判平成22年12月2日)。しかし、妄想の影響がなければ犯行を実行することはなかったのだから、決意と実行とを区別して実行には影響はないと評価するのは不合理であろう。前掲・京都地判平成25年2月26日は、「被告人は目的に向けた合理的な行動を取っているようにも見えるが、これらはVを殺すと決めた上での選択としてはごく単純な判断をすれば足りるものである上、これらが全体的に被害妄想の中に支配された生活状況の中で起こった事柄であることからすれば、被告人が通常の判断能力やこれに基づいて行動をコントロールする能力を残していたことを裏付ける事情としてはさほど強調できない」と評価している。

　また、行動の合理性（一貫性、合目的性）に関して、殺害という目的に向けて合理的な行動をとっている、などと評価されることがある。しかし、被告人が犯行を遂行している以上、（法律的には未遂であるとしても）その行動に合目的性が見い出されることは当然である（手引き20頁）。制御能力とは犯行を遂行する能力ではなく、犯行を思いとどまる能力を意味するのであるから、犯行態様のみを取り出して評価するのではなく、被告人が置かれていた状況や、（被告人なりの）犯行に至る経緯の中に位置づけたときに、犯行を思いとどまることができたか否かを評価することが必要であろう。京都地判平成24年12月7日は、「C医師は、換金目的の万引きという点では了解可能であるとしながらも、Aの精神障害が本件各行為の企図・遂行に強い影響を及ぼしている、具体的な機序として、Aは、本件店舗が法務省の手先であるという妄想により、本件店舗及びその関係者が自らの生活を妨害していると考え、その妨害に対し、万引きをして換金することは正当防衛であると解釈し、実行に及ぶとともに、Bが法務省関係者であるという誤った疑いのため、敵意から過剰な防衛行為に至ったものと思われる、と証言している。（中略）そして、もとより、C医師も証言するように、このような動機は了解可能とはいえないものである。」と評価している。

> **コラム**
>
> ### 動機の了解可能性
>
> 　動機の了解可能性を判断するには、その前提として、動機の内容を確定しなければならない。しかし、一見了解可能な動機があるように見えるが、実は「真の動機」ではないという場合がある（いわゆる「見せかけの了解可能性」の問題）。それゆえ、しばしば動機の認定自体が問題となり、「真の動機」が何であったかが争点になる。心神喪失が認められた事例の中には、検察官の主張していた動機が認定されなかった事例が少なくない（京都地判平成24年12月7日、神戸地姫路支判平成25年3月27日等）。これは事実認定の問題であるから、通常の否認事件と同様に証拠の収集及び立証が弁護活動のポイントになる。
>
> 　なお、動機の了解可能性とは、現実の確執、利害関係、欲求充足などから犯行に及ぶことが「了解」できるか、という意味である（手引き19頁）。逆に言えば、幻覚・妄想等の精神症状により犯行に及ぶことを「説明」することはできる（ヤスパースは、心理的な「了解」には限界があるが、因果的に「説明」はできるとした。）。ところが、千葉地判平成22年12月22日は、精神症状の内容を前提として、そのような妄想から犯行に及ぶことはあり得るから、動機は了解可能であると判断している。このような判断では、例えば、「被害者を殺せ。」という直接的な妄想により犯行に及んだ場合でも、（妄想の内容を前提とすれば）了解可能と判断されることになりかねず疑問である。
>
> 　　　　　　　　　　　　　　　　　　　　　　　　　　（田岡直博）

2　躁うつ病・うつ病

　躁うつ病では、いわゆる拡大自殺（無理心中）による殺人、放火が問題となることが多い。この場合には、希死念慮等の症状が動機に与えた影響が重視されるが、被告人が置かれていた状況等から、多少なりとも将来を悲観する事情が存在するとみられる場合には、動機は了解可能であるなどと判断されることが多い(広島地判平成24年3月14日、東京地判平成23年12月20日等)。しかし、

被告人が置かれていた状況が動機に影響したかどうか、仮に影響したとしてどの程度影響したかは慎重に評価される必要があろう（統合失調症に関する判例であるが、第一審の大分地判平成23年2月2日が「人目を避けた引きこもり生活に対する葛藤や不満が、潜在的に蓄積していたことがうかがわれる。こうした事情が動機の形成に影響した可能性は否定できず、そうすると、動機の形成過程の一部には了解可能性を残している」と評価したのに対し、福岡高判平成23年10月18日は、「そのような事情が動機の形成に影響した可能性があるとはいっても、それは一般的抽象的な可能性に過ぎないものであることからすると、それとは逆に、そのような事情が動機の形成に影響しなかった可能性もないとはいえないから……責任能力についての挙証責任を被告人に負わせたに等しい思考というべきであ（る）」と評価して、原判決を破棄している。）。

　大阪地判平成26年9月3日は、知的障害を有し、全身性エリテマトーデスに罹患していた被害者（長女）と無理心中を図った事案であるが、検察官が無理心中を図るという動機は当時の状況から了解可能であると主張したのに対し、「将来を悲観しなければならないほどのものではなく、知的障害のある被害者に長期間にわたり愛情を注いできた被告人が、被害者と無理心中しようと決意する理由としては合理性を欠く」などとして、「被告人が自分の意思で思いとどまることが全くできない状態に至っていなかったというには、合理的な疑いが残る」と判示している（心神喪失）。この判決では、一見すると将来を悲観する事情があるように見えるが、従前の被害者との関係や被告人の性格からすると、この時期に無理心中を決意する理由にならないことが丁寧に判断されている。また、拡大自殺の事案では、制御能力（思いとどまる能力）を問題とすることが効果的であることが多いように思われる。

　また、動機の了解可能性と表裏の関係にあるが、元来の人格との異質性も考慮されることが多い。例えば、さいたま地判平成22年9月6日は、長女を殺害した事案であるが、「長年にわたり2人きりで生活してきた両者の関係等を踏まえれば、動機の了解可能性が見掛けのものにすぎないなどとはいえない」「本件犯行には、被告人らしさが十分に認められる」などと評価されている。しかし、被害者と密接な関係にあったという事情が、逆に人格との異質性を高

める事情と評価される場合もある。大阪地判平成26年9月3日は、「それまで被害者に愛情を注いで養育してきた被告人が本件殺害行為を行った原因としては、大うつ病性障害の影響以外には考えることができない」と評価されている。また、静岡地判平成22年10月21日は「被告人は、精神科への通院歴もなく、被害者を慈しみ育てながら、日常生活に支障を来すこともなかったのであって、8月18、19日のBからの電話を契機として、突然、被害者を殺害したという本件犯行は、平素の被告人の人格から考えると異質なものであるというべきである」、松江地判平成23年7月7日は「被告人は、日頃は真面目で、暴力や迷惑行為とは無縁の人物であり、本件のような衝動的な犯行は、被告人本来の人格とは異質なものと認められる」などと評価されている。

　他方、躁症状が問題となる事件では、犯行に対する影響の有無及び程度を判断することが難しいためか、ほとんど考慮されていない。この場合には、抗うつ薬の副作用が問題となることも多い（千葉地判平成22年6月23日、東京地判立川支判平成23年11月7日）。

> **コラム**
>
> ## 抗うつ剤の副作用にも注意
>
> 　刑事弁護をする際には、ＳＳＲＩ・ＳＮＲＩと呼ばれる一群の抗うつ剤の副作用の影響にも注意する必要がある。国内では、ルボックス、デプロメール、パキシル、ジェイゾロフト、レクサプロ、トレドミン、サインバルタの商品名で販売されている。うつ病、強迫性障害、社会不安障害、パニック障害の他、抑うつ状態にも適応があり、精神科だけでなく内科、産婦人科などでも処方されている。
>
> 　これらの医薬品には「衝動性が亢進」する副作用があり、これが本人に向かう場合には自傷行為や自殺、他者に向かう場合には他害行為等になることがある。衝動性亢進の副作用があることは、添付文書にも記載されている。
>
> 　被疑者・被告人・少年の普段の行動からは説明しにくい、唐突さや異常さが際だっているといった暴行・傷害・殺人事件等の中には、ＳＳＲＩ等の副作用

が影響している場合があるのではないかという指摘があり、実際に国内外の刑事事件・少年事件で副作用が影響したと判断されたケースもある。

　日弁連では、資料集を作成し、会員専用サイトで、添付文書や医学文献などをダウンロードできるようにしている。また、『自由と正義』2010年1月号129頁、同2011年12月号91頁には、過去2回にわたって行ったアンケートの結果や、カルテの入手方法や医師の意見聴取の際の留意事項などについても記載している。

（水口真寿美）

3　覚せい剤精神病

　覚せい剤精神病（覚せい剤等の物質使用による精神病性障害）では、統合失調症と同じように、殺人・傷害致死等の粗暴犯が多い。しかし、明らかな幻覚妄想がある場合でも、統合失調症と異なり、覚せい剤精神病の妄想は、一次妄想（真正妄想）ではなく二次妄想であるとか（大阪地判平成23年10月31日）、統合失調症と異なり妄想に全人格が完全に支配されることはない（福井地判平成25年9月13日）などのロジックにより、完全責任能力が認定されることが多い（覚せい剤精神病の妄想は、被告人が置かれた状況に反応して生じているものであるから、全人格を支配するものではないという見解は福島章医師が提唱した「不安状況反応説」に由来する。）。

　しかし、「覚せい剤精神病」は国際的な操作的診断基準にはない病名である（特に6か月を超える残遺症状が問題となる場合には操作的診断基準によれば統合失調症と診断されるはずであるが、我が国では、伝統的に「覚せい剤精神病」ないし「覚せい剤による精神病性障害」と診断されることが多い。）。診断基準自体の信頼性は置くとしても、少なくとも、覚せい剤精神病の幻覚・妄想は、統合失調症のそれとは異なるというエビデンスが確立されているかは疑問であり、実際には、違法薬物の使用による「自招性」の問題や、医療観察法における「治療反応性」の問題が考慮されているのではないか、との疑問を払拭できない。

　福岡地判平成26年10月20日は、「これまで使用してきた覚せい剤、シンナー、

アルコールといった精神作用物質の影響により、(A)精神作用物質による残異性及び遅発性の精神病性障害（障害A）及び(B)精神作用物質による精神病性障害（障害B）」の診断名で、心神喪失と判断された事例である。この事例では、「夕食後帰宅しようとした実母をそのまま帰せば、覚せい剤を打たれたりレイプされてしまう、暴力を振るってでも実母を止めなければならない」という妄想や幻覚等の精神症状が犯行動機に大きな影響を与えており、「被告人の犯行動機の形成には、障害Bによる妄想や状況認知の著しい歪みが大きく影響しており、その動機は、常識に照らすと全く了解不能なもの」と評価されている。この事例は、妄想・幻覚等の精神症状の大きな影響がある事例では、その精神症状の基礎疾患（統合失調症か、妄想性障害か、覚せい剤精神病か等）に関わらず、心神喪失と判断されることがあり得ることを明らかにしたという点で、非常に重要な意味を有するように思われる。

　なお、覚せい剤精神病の場合には、心神耗弱が認められたとしても、量刑事情としては大きくは評価されないことが多い（水戸地判平成25年3月13日、鹿児島地判平成24年1月26日等）。しかし、このような量刑評価は、犯行それ自体に対する責任非難と、違法薬物の使用に対する責任非難とを混同するものと言わざるを得ないように思われる。

4　飲酒酩酊

　飲酒酩酊では、意識障害の有無及び程度が問題になる。精神鑑定では、ビンダーの酩酊分類（単純酩酊、複雑酩酊、病的酩酊）が参照されることが多い（福岡地判平成22年9月17日、さいたま地判平成23年1月21日、さいたま地判平成23年2月7日、広島地判平成24年7月19日、名古屋地判平成23年9月16日、千葉地判平成25年6月3日など、多くの事例では「単純酩酊」であると診断され、完全責任能力が認定されている。）。

　ただし、判決では、必ずしもビンダーの酩酊分類にとらわれず、動機の了解可能性、行動の合理性、違法性の意識、平素の人格との異質性等が総合的に検討され、それに反する精神鑑定の信用性が否定されることもまれではない。名古屋地判平成26年5月27日は、「被告人がせん妄の状態であるとして、直ちに

動機の了解可能性、犯行の計画性、犯行の一貫性・合目的性について判断し、被告人の行動に完全に影響していた可能性が極めて高い旨述べており、そのような判断過程自体、適切なものであるということはできない」などとして、公判前鑑定（50条鑑定）の信用性が否定され、完全責任能力と判断されている。また、東京地立川支判平成23年6月13日でも、アルコール中毒せん妄ないしアルコール離脱せん妄の有無が問題となった事案であるが、見当識、動機の了解可能性、犯行の合理性・合目的性、違法性の意識、過去のエピソードに現れたせん妄と本件の関わり等が総合的に考慮され、病的酩酊（せん妄型）であったとする起訴前鑑定が否定され、心神耗弱と認定されている。

なお、しばしば記憶障害（ときに全健忘）が見られることから、動機を確定すること自体が困難な場合が少なくないが、その場合には、被害者との人間関係や平素の人格との異質性から、本件犯行に及ぶ動機が想定できるかが問題とされている。

コラム

ビンダーの酩酊分類

　ビンダーは、単純酩酊、複雑酩酊、病的酩酊の三分類を確立したことで知られる（原文は、精神医学24巻9号〔1982年〕855頁〔影山任佐訳〕）。これは酩酊の質（意識障害の程度）に着目した分類であり、複雑酩酊は、単純酩酊からの「量的」な逸脱であり、意識障害は昏蒙にとどまるが、病的酩酊は、単純酩酊からの「質的」な変化であり、もうろう状態を来す、とされる（なお、「もうろう型」とは別に、「せん妄型」があるとされる。）。

　この分類を我が国に導入したのは中田修医師であり、単純酩酊は完全責任能力、複雑酩酊は心神耗弱、病的酩酊は心神喪失と判断すべきであると説いた。しかし、実際の裁判例では、全健忘の場合であっても、病的酩酊と判断されることは稀であるし、仮に病的酩酊と判断されても、心神喪失と判断されることは稀であった。今日では本家ドイツでも、ビンダーの酩酊分類は既に放棄されていると言われ、我が国の精神科医の中からも、とりわけ健忘の有無を重視す

ることには懐疑的な意見が出されている（岡田幸之「刑事責任能力再考——操作的診断と可知論的判断の実際」精神神経学雑誌107巻9号〔2005年〕925頁）。

　飲酒は日常的な体験であるから、裁判員であっても「記憶がないからといって、無罪になるのはおかしい。犯行前後の発言内容からすると、当時は意識がしっかりしていたのではないか。」という疑問を持ちやすい。ビンダーの酩酊分類を用いる場合でも、（犯行前後の行動等から推定される）意識障害の有無及び程度を踏まえた上で、病的体験の直接支配性と、平素の人格との異質性を論じる必要があろう（一見すると合理的に見える言動や違法性を意識したと見える言動等が存在する場合には、これに対する反論は不可欠である。）。

（田岡直博）

5　パーソナリティ障害

　パーソナリティ障害（人格障害）は、完全責任能力が認定されることが多い（大分地判平成22年1月13日、東京地判平成22年8月24日、千葉地判平成22年12月17日、大津地判平成24年6月21日、東京地立川支判平成23年11月7日、高知地判平成24年5月23日、東京地判平成24年8月10日、広島地判平成24年12月27日）。パーソナリティ障害は、歴史的にも「非精神病」であることを前提とした概念であるから、完全責任能力が認定されることが多いことは当然である。ただし、パーソナリティ障害は「性格の偏り」であるから、およそ「精神の障害」要件を欠く、という判断には疑問がある。現在では、パーソナリティ障害にもさまざまな類型があり、その中には「精神病」に類似する類型があることが知られている。精神病の外延は明確でなく、医学的知見の蓄積によりその範囲が変化することはあり得るのであるから、「精神の障害」要件を欠くことを理由に完全責任能力と判断することは相当でなく、パーソナリティ障害も「精神の障害」に当たるとした上で、責任能力の有無及び程度については、裁判員を含めた裁判体の判断に委ねるのが相当であろう。

　裁判例の中には、「被告人は、軽度の精神発達遅滞に加え、境界性パーソナリティ障害を有していたため、行動制御能力が著しく低い状態で突発的に自殺

を企図して本件放火に及んだもの」(大阪地判平成23年11月11日)、「被告人は、境界性人格障害の影響により、Bに心理的に強く依存した状態で本件各犯行に及んだと認められ、また、被告人自身は判示第1の被害者に対する何らの個人的恨み等もないのに激しい暴行に及んでいることなどを含め、本件の動機には全体としてにわかに了解しがたい点が少なからずあることなどをも併せれば、本件各犯行当時、被告人が心神耗弱状態であった疑いは排斥できない」(大阪地判平成24年2月22日)のように、心神耗弱を認めたものもある。

6 知的障害

「軽度」精神遅滞の場合には、完全責任能力が認定されることが多いが(東京地判平成22年9月3日、福岡地判平成23年2月14日、東京地立川支判平成23年11月7日、広島地判平成24年12月27日、広島地判平成25年1月24日等。ただし、前掲・大阪地判平成23年11月11日は軽度精神遅滞と境界性パーソナリティ障害で、心神耗弱を認定している。)、「軽度と中等度の境界」「中等度」で心神耗弱が認定された事例がある(千葉地判平成24年1月19日、青森地判平成22年7月15日)。また、心神耗弱に争いがなかった事案ではあるが、「本件の関係証拠からは被告人の知的障害の具体的な程度やそれが被告人による本件各犯行に及ぼした影響が必ずしも明確になっていないが、被告人の責任能力の程度については、上記のとおり疑わしさを拭うことができない」ことを理由に心神耗弱が認定された裁判例もある(釧路地判平成23年3月3日)。

7 発達障害

知的障害を伴わない発達障害は、完全責任能力と認定されることが多い(山口地判平成22年2月19日、大阪地判平成22年5月24日、広島地判平成23年8月1日。病名は、いずれもアスペルガー障害。)。しかし、アスペルガー障害の事例で、「前記のような異常な思い込みに全体として強く影響されていた中で、その余のアスペルガー障害の二次的な問題も相まって、高まった衝動性を抑えることができず、自分の行動をコントロールする力が著しく低下していたのではないかという見方にも合理性があるといえ、少なくともその疑いが残るとい

うべきである」として、心神耗弱を認めた裁判例がある（宮崎地判平成25年7月29日。なお、東京地判平成23年6月10日はうつ病性障害・中等症エピソードとアスペルガー障害の合併症、東京地判平成24年9月7日は重症うつ病エピソードと広汎性発達障害の合併症の事例ではあるが、心神耗弱を認定している。）。

（田岡直博）

> **コラム**
>
> ### 発達障害
>
> 　発達障害は、「自閉症、アスペルガー症候群その他の広汎性発達障害、学習障害、注意欠陥多動性障害その他これに類する脳機能の障害」である。総じて、過敏さや、文字通りに受け取ってしまう特質、思い込み等の何れか若しくは複数の特質が相まって形成された犯行動機が、障害故に修正されず犯行に至ってしまう場合、しばしば、思いとどまろうとしても思いとどまれなかったのではないかという疑問に行き当たる。思いとどまろうとして思いとどまれたかどうかと言う判断枠組みを設定すれば、発達障害を特徴的な個性と捉えて精神疾患であること自体を否定してかかるような議論に疑問が生じることは当然であり、責任能力の有無・程度は慎重に論じるべきである。
>
> 　また、自閉症と知的障害が併存するような場合をはじめとして、訴訟能力自体を否定すべきではないかと思われる案件も複数が知られている（さいたま地川越支決平成25年3月6日等）。適切な受入体制があれば行動化に至らなかったのではないかと思われる事案も散見され、以上、責任能力、訴訟能力、処遇決定の各場面で、弁護人に積極的な弁護が要求される精神疾患であると言えよう（手近な参考文献として、金岡繁裕「発達障害のある人の刑事責任について〜責任能力及び処遇決定の見地から〜」発達障害研究 34巻2号）。
>
> （金岡繁裕）

第3章

司法研究の問題点[*37]

I　司法研究

　『難解な法律概念と裁判員裁判』（以下「司法研究」という。）は、裁判員裁判における審理の在り方、裁判員に対する説明概念等について、裁判所の立場から、裁判員法施行前に踏み込んだ提言を行い、その後の実務に強い影響を与えた。そこでの問題意識は、「鑑定の内容は、一般に難解であり、これを裁判員にとっていかに分かりやすくするかが重要な課題である」という点にあった。

　もとより、裁判員裁判において、審理を「分かりやすくする」工夫が求められることに異論はない。しかし、当事者主義の下では、分かりやすくする責任は、当事者である検察官と弁護人にある（裁判員法51条）。仮に当事者の主張立証が分かりにくかったために、裁判員の理解が得られなかったとしても、そのことによる不利益は当事者が甘受すべきであろう。司法研究の問題点は、「分かりやすい審理」を実現するために、職権主義的な審理を目指したことにある。

　本章では、こうした問題意識に基づき、弁護人の立場から、鑑定の必要性の判断の在り方について検討を加えた上で、鑑定手続の実施の在り方（鑑定意見、鑑定資料及び事前カンファレンスの在り方）、鑑定結果の立証の在り方（鑑定書、口頭報告又は証人尋問の在り方）及び裁判員に対する説明概念について、検討を加える。

[*37] 本章のうち、I～IVは田岡直博「裁判員裁判と鑑定——立証方法、鑑定人の意見、公判前整理手続」刑事法ジャーナル20号（2010年）、Vは菅野亮＝田岡直博「責任能力を争う裁判員裁判の弁護戦略(2)」自由と正義63巻12号（2012年）を基礎としている。

Ⅱ 鑑定の必要性の判断の在り方

1 複数鑑定回避論の問題

　司法研究の最大の問題は、「裁判員の負担を軽減し、混乱を回避するためには、可能な限り複数鑑定を避ける必要がある」という方向性を打ち出したことにある（以下「複数鑑定回避論」という。司法研究48頁以下）。これには、二つの問題がある。

⑴　「分かりやすさ」の問題

　一つは、「複数の鑑定があると、裁判員が混乱する」という前提認識の問題である。司法研究は、「模擬裁判でも、複数鑑定の信用性判断は非常に難しいとの感想が述べられている」ことを挙げる。しかし、東京地裁の模擬裁判のアンケートでは、裁判員は「相違点を理解するという範囲では、かなり理解できていたと思います」「弁護人、検察官双方が証人に尋問したのを聞いて、相違点が理解できました」「着眼点が絞れてからは、理解できるようになったと思います」と回答している。むしろ「簡易鑑定の医師の尋問や再鑑定がなかったので、差異のとらえ方が分かりませんでした」「できれば、簡易鑑定の医師にも直接聞きたかった」という意見が述べられている。[38] 鑑定人と簡易鑑定の医師の対質を実施した別の模擬裁判でも、裁判員の大半が「よく分かった」「大体分かった」と回答している。[39] このアンケートをもって、「複数鑑定の信用性判断は非常に難しい」と評価するのは恣意的に過ぎる。

　そもそも、模擬裁判の事例（森一郎事件）は、正式鑑定と簡易鑑定の判断が分かれているのだから、「判断が難しい」のは当然である。裁判官でさえ、判断が一致しているわけではない。[40] しかし、これまでも裁判官は、その難しい判断をしてきたはずである。それが「裁判員にはできない」と考える理由はな

＊38　東京地方裁判所刑事訴訟廷PT「裁判員役の皆様へのアンケート結果」（非公表）。
＊39　東京地方裁判所刑事第20部「模擬裁のアンケート結果」（非公表）。
＊40　田岡直博「裁判員制度と実体法　責任能力」季刊刑事弁護56号（2008年）68頁以下。

い。むしろ、一つの鑑定だけで判断するより、複数の鑑定を比較して判断する方が「分かりやすい」こともあるはずだ。民事の医療訴訟では、鑑定人の能力等によって判断が左右されることを防ぐため、複数鑑定を積極的に活用する方向にあり、精神鑑定の在り方を考えるに当たっても、参考になる。このように考えると、裁判員裁判だからと言って複数鑑定を回避する理由はないと言うべきだろう。

(2) 「公正さ」の問題

もう一つの問題は、「公判審理が始まる前に実施した鑑定を最大限有効に活用する方策を推し進める必要がある」として、起訴前嘱託鑑定（以下単に「起訴前鑑定」ということがある）を活用する方向性を打ち出したことである（司法研究49頁以下）。

たしかに、問題の多い「簡易鑑定」と比較すれば、起訴前嘱託鑑定も「本鑑定」であり、「信用性が格段に異なる」ことは否定できない。しかし、起訴前嘱託鑑定は、あくまで一方当事者である検察官の嘱託に基づくものであり、裁判所の「鑑定」と同列に論じることは誤りである。起訴前鑑定の問題は、鑑定資料や鑑定受託者の選択が検察官に委ねられており、鑑定結果をコントロールできることにある。よく知られているように、我が国の検察官は、判断基準

---

*41　金岡繁裕「責任能力が問題となる裁判員裁判の整理手続及び審理の在り方」自由と正義60巻3号（2009年）79頁、布川佳正「公判前整理手続と精神鑑定──複数鑑定回避論の問題」季刊刑事弁護60号（2009年）54頁、中島宏「複数鑑定回避論の批判的検討──『わかりやすさ』とデュー・プロセス」同57頁

*42　池田修「精神鑑定について──裁判官の立場から」刑法雑誌36巻1号（1996年）54頁は、「裁判官としては、複数の専門家の意見があると、意見が合致した点はそれを当然の前提とすればよく、意見が異なった点についてどちらの見解を採用すべきか判断すれば足りることが多くなるため、有益だと思っています」と指摘している。

*43　佐藤陽一「医療過誤訴訟における複数鑑定について」判例タイムズ1212号（2006年）55頁以下。

*44　鑑定人の党派性については、中田修「精神鑑定の初心者のために」精神医学レビュー19号（1996年）44頁、保崎秀夫「司法精神医学の問題点」精神医学30巻4号（1988年）464頁、浅田和茂「刑事手続と精神鑑定」季刊刑事弁護17号（1999年）22頁参照。なお、「責任能力　裁判員時代の精神鑑定（3）　重圧　判断する悩みを共有へ」2009年4月25日付け西日本新聞朝刊は、鑑定受託者が検察官から「お願い」された体験を告白している。

を恣意的に使い分けており、社会的影響の大きい起訴必至の事件では、完全責任能力の結論を導く精神科医を選択する傾向にある。[*45]検察庁は、裁判員裁判を見据えて、起訴前嘱託鑑定の書式を統一し[*46]、精神鑑定専門検事を配置し[*47]、鑑定人（鑑定受託者）のデータベースを作成しており[*48]、これまでの傾向に拍車がかかることは必至である。

司法研究は、「弁護人から鑑定受託者に対し、被疑者に有利な資料の提供を行うなどして、できるだけ幅広く、多様な資料に基づいて鑑定をしてもらうこと」を提案している（司法研究49頁以下）。しかし、問題の根本は、鑑定受託者の選択が検察官に委ねられていることにあるのだから、鑑定資料を充実させるだけでは限界がある。また、起訴前の弁護人は、検察官の収集した証拠の内容を検討することができず、前提事実の真偽すら判断できない立場にある。そのため、検察官の一方的な主張を前提として、「被疑者に有利な資料」を提供することは躊躇せざるを得ない[*49]。現実問題として、鑑定受託者に直接接触しても拒否されることが珍しくない[*50]。また、仮に接触できても、そこで提供した資料は検察官の目に触れることになる。そうなると、弁護人だけに「被疑者

---

* 45　二重基準（ダブル・スタンダード）の問題については、吉川和男「わが国の責任能力判定の行方」中谷陽二編『責任能力の現在　法と精神医学の交錯』（金剛出版、2009年）65頁以下、同「精神鑑定をめぐる諸問題」こころのりんしょう à・la・carte28巻3号（2009年）76頁以下、吉川和男ほか「座談会　新たな法制度における精神鑑定と責任能力のあり方」同66頁以下［中谷陽二発言］、中谷陽二「責任能力の行方と精神鑑定」司法精神医学2巻1号（2007年）78頁、山上皓「責任能力の概念と精神鑑定のあり方」町野朔編『ジュリスト増刊　精神医療と心神喪失者等医療観察法』（有斐閣、2004年）88頁、同「精神鑑定と責任能力判定の現状と課題」刑法雑誌36巻1号（1996年）70頁以下参照。
* 46　最高検察庁「裁判員裁判の下における精神鑑定書の書式例」(http://www.kensatsu.go.jp/saiban_in/kanteisho.htm)。
* 47　「東京地検：精神鑑定の専門検事を配置　全国初」2008年4月1日付け毎日新聞朝刊。
* 48　「精神鑑定する鑑定人の実績DB化、鑑定の信頼性向上狙う」2008年8月7日付け読売新聞朝刊
* 49　金岡繁裕・前掲注41論文80頁、鯰越溢弘ほか「座談会　公判前整理手続を総括する」季刊刑事弁護60号（2009年）80頁［坂根真也発言］
* 50　手引き17頁は、「情報の入手にあたっては、原則として、鑑定依頼主を通じて行う（もしくはその承諾や許可を得て行う）のが間違いがなくてよい」という。

に有利な資料」を開示する義務を負わせるに等しい。

2　50条鑑定の必要性の判断の在り方

このように考えると、起訴前嘱託鑑定が実施されている場合でも、再鑑定を回避する理由はない。むしろ、複数の鑑定が実施されることは、当事者主義の実質化という観点からも望ましいことである。裁判所も、現在では「裁判員の理解が本当に困難であったかというと、意外と当初懸念していたほどでもなかった。両者の主張を聞き比べることができたので、判断しやすかった、というような感想を言っていた経験者もいるので、いまは当初考えていたよりは、かなり柔軟に対応するようになった」と自己評価しており、積極姿勢に転換している[*51]。

もっとも、これにより問題が解消したわけではない。裁判所は、再鑑定の判断に当たり「弁護人に起訴前鑑定の鑑定人に直接疑問点を聞いてもらった方がよいのではないか。そのためのカンファレンスを設けて疑問点を聞いてもらい、そこで疑問点が解消すれば早期に問題も解決する」というように、カンファレンスを活用する姿勢を打ち出しているからである。しかし、後述するとおり、カンファレンスに裁判官が立ち会う場合には、予断排除の原則との関係で問題がある。裁判官が立ち会わない場合でも、検察側証人である鑑定受託者に弁護人の手の内をさらすことは抵抗が強い。起訴前鑑定の「鑑定人の公正さや能力」「鑑定の前提条件」に疑問が生じたときは、再鑑定の採用を躊躇すべきではなかろう。その際、再鑑定の必要性判断に当たり、精神科医の意見書の提出を要求すること[*52]には疑問がある。そもそも精神科医の意見書が作成できるなら、当該鑑定書の作成者を証人尋問すれば足り、改めて再鑑定を請求する必要はない。精神科医の意見書がなくとも、弁護人の主張に一応の合理性が認められる

＊51　「座談会　裁判員裁判の現状と課題」論究ジュリスト2号（2012年）17頁［栃木力発言］。
＊52　司法研究54頁、青柳勤「裁判員制度と精神鑑定のあり方」司法精神医学4巻1号（2009年）73頁、栃木敏明ほか・前掲座談会6頁［三好幹夫発言］。

場合には、再鑑定の採用を躊躇すべきではない。[53][54]

III 鑑定手続の実施の在り方

1 鑑定意見の在り方

　司法研究は、鑑定手続の在り方についても、様々な提言をしている。まず、鑑定意見について、司法研究は、鑑定人に「責任能力の結論に当たる意見」は明示させないことを提言している（司法研究40頁以下）。たしかに、責任能力の有無及び程度は法律判断であるから、鑑定人に「心神喪失」「心神耗弱」という「法律判断」を求めることは相当ではない。しかし、その前提となる「生物学的要素である精神障害の有無及び程度並びにこれが心理学的要素に与えた影響の有無及び程度」は「臨床精神医学の本分である」であるから、「精神障害が弁識能力・制御能力に与えた影響の有無及び程度」（最二小判平成20年4月25日刑集62巻5号1559頁）について意見を明示できることは当然である。そして、鑑定結果を正しく理解するためには、精神科医が述べる参考意見にも十分に意味がある。模擬裁判では、鑑定人の意見と異なる判断をする裁判員はいても、鑑定人の意見に盲従するような裁判員はいなかった。このように考え

---

[53]　吉川和男ほか「座談会　新たな法制度における精神鑑定と責任能力のあり方」前掲注45座談会61頁以下［中谷陽二発言］は、「弁護人が治療歴などを調べて、『統合失調症の疑いがある』ということを公判前整理手続で主張したのですが、検察官は『疑いだけではダメだ。統合失調症と診断できるか、そしてどのタイプの統合失調症かを診断しなければ理由にならない』と反論したそうです。弁護人が『自分は医師ではないからできない』と答えたところ、検察官は『今はDSM-IV』というものがある。あれは素人でも使える』というのです。こういう、精神医学の常識からかけ離れた主張がされているらしいのです」「ほかにも何件か、公判前に新たに鑑定の請求をしたいという相談を弁護士から受けましたが、ことごとく請求は却下されました」という実情を報告している。

[54]　栃木敏明ほか「2009年第1回日比谷フォーラム（3月4日）裁判員実務研修　責任能力をどう争うか―『百瀬川一殺人事件模擬裁判』の比較検討」6頁［田口寿子発言］は、「嘱託鑑定自体がおかしいということになると、それ以外の鑑定の道が閉ざされるということではないというお話だったので、やはり弁護人の方に頑張っていただいて、何がおかしいかという部分では、要するに、精神科医としての資質の問題があって、誤った判断をしていると思われる鑑定書もあるので、この論証の仕方はおかしいという、証拠能力の点でも疑問点をきちんと突いていただければ、裁判所もきちんと聞いていただけるのではないかな、と私は思っております」と指摘している。

ると、鑑定人に「弁識能力・制御能力の有無及び程度」を明示させるか否かは本質的な問題ではなく、そのような判断に至った過程について必要十分な説明を求めることこそが重要であるように思われる。[*55]

2 鑑定資料の在り方

公判前鑑定の場合に用いることができる鑑定資料の範囲については、従来から議論がある。[*56]とくに事実関係に争いのある場合に「信用性及び任意性を争っている供述調書等」を鑑定資料とすることについて、弁護人は強く反対しているが、[*57]鑑定人は「情報はできるだけ多い方がよい」という態度であり、[*58]司法研究も、原則として鑑定資料の範囲は制限しない方向性を打ち出している。供述調書の問題についても、司法研究は、「弁護人は、被告人の言い分を記載した供述書や弁護人の主張に沿う資料などを提供することが考えられる」という（司法研究51頁以下）。

たしかに、逮捕直後の被疑者の動静や供述内容が、鑑定資料として高い価値を有することは、否定し難い。しかし、それが供述調書等に正確に録取されている保証はなく、こうした供述調書等を前提として精神鑑定が実施された場合に、裁判員の心証に不当な影響を与えるおそれは払拭できない。本来的には、取調べの録画・録音を義務づけることによって、（任意性に関する争いだけでなく）鑑定資料の範囲についての争いも解決する方向性が望まれる。[*59]現状では、

---

*55　栃木敏明ほか・前掲注54座談会7頁［三好幹夫発言］は、「裁判員にとっては『大きく影響している』からといって、喪失なのか、耗弱なのか、完全責任能力なのかはまだ議論してみないと分からない」と指摘している。

*56　今崎幸彦「裁判員裁判における審理及び制度運営上の課題──司法研修所における裁判官共同研究の概要」判例タイムズ1255号（2008年）16頁以下

*57　金岡繁裕・前掲注41論文81頁以下、拙稿「難解な法解釈と裁判員裁判──責任能力に関する模擬裁判を通じて──弁護人の立場から」刑事法ジャーナル11号（2008年）76頁以下。なお、田原睦夫「鑑定──弁護の立場から」三井誠ほか編『刑事手続（下）』（筑摩書房、1988年）704頁以下、佐々木史郎「刑事鑑定の実務上の諸問題」岩田誠先生傘壽祝賀『刑事裁判の諸問題』（判例タイムズ社、1982年）286頁以下参照

*58　岡田幸之「精神鑑定と裁判員裁判」中谷陽二編集代表『精神科医療と法』（弘文堂、2009年）118頁以下、五十嵐禎人「裁判員裁判と刑事責任能力」中谷陽二編『責任能力の現在　法と精神医学の交錯』（金剛出版、2009年）111頁以下。

*59　岡田幸之・前掲注58論文117頁、同「刑事責任能力と裁判員制度」中谷陽二編『責任能力の現在』（金剛出版、2009年）127頁は、「鑑定面接時の様子に限らず、犯行時、逮捕時、取調

やむを得ず利用する場合があるとしても、公判前整理手続において、鑑定資料の範囲及び鑑定人に対する説明内容について、弁護人の同意を得ておくべきであろう。また、鑑定人にも、鑑定資料の範囲とそれに基づき認定した前提事実を明示してもらう必要がある。[60]

3 カンファレンスの在り方

カンファレンスは、その目的と内容が明確でないため、議論が混乱しているように思われる。我が国では、裁判官が手続主宰者と事実認定者の地位を兼ねることから、公判前整理手続で、鑑定内容の詳細に立ち入った打合せを行うことには予断排除の原則との関係で問題がある（裁判員法50条にも「鑑定の経過及び結果の報告は除く」と明記されている。）。[61]

しかし、公判前整理手続は「争点及び証拠の整理のための公判準備」であり、証拠調べの順序及び方法を定めることができ、証拠等の提示命令も認められているのであるから、鑑定人との打合せが全く許されないと考えるのも硬直的に過ぎる。尋問の順序・方法を検討するのに「裁判所の立ち会いがなければ難しい」[62]とは思わないが、鑑定人の協力が得られやすいなら、当事者の同意の下に、裁判所の建物内で打合せを行うことがあってもよい[63]（これを「カンファレンス」

　　時の状態を映像で裁判員に視聴させるということが可能で、適切に用いられれば、おそらくは彼らの判断に大きな影響を与え、そして基本的にはより正しい結論へ導くものと思われる」「鑑定中の時期や治療やその方法、さらには治療前の様子をビデオで録画しておくなどの配慮についても、あらためて整理されるべきではないだろうか」と指摘する。

* 60　池田修・前掲注42論文56頁、佐々木史郎「刑事鑑定の実務上の諸問題」岩田誠先生傘壽祝賀『刑事裁判の諸問題』（判例タイムズ社、1982年）286頁以下、鹿野伸二「鑑定」平野龍一ほか編『新実例刑事訴訟法Ⅱ』（1998年、青林書院）348頁。
* 61　栃木敏明ほか・前掲注54座談会8頁〔柴田勝之発言〕は、「法曹三者が同席して3時間くらい」かけて、「公判での鑑定人尋問のリハーサルを、本番より時間をかけて、入念、綿密に行った」ため、裁判官が「事実上の心証をとってしまうことも可能だった」と報告している。
* 62　司法研究47頁、三好幹夫「特集：いよいよ始まった裁判員裁判──その課題と期待（後編）」二弁フロンティア2009年8・9月合併号（2009年）35頁、栃木敏明ほか・前掲注54座談会8頁〔三好幹夫発言〕。
* 63　岡田幸之ほか「裁判員制度における精神鑑定の課題──全国の模擬裁判に参加した精神科医らの意見調査から」精神科14巻3号（2009年）187頁参照、岡田幸之・前掲注58論文117頁参照。

と呼ぶかどうかは、言葉の問題である。）。ただし、打合せは、あくまで「問題点と尋問事項を整理するため」に行われるのであり、「鑑定内容の詳細に及ぶことは許されない」ことは明確にしておく必要がある[*64]。また、鑑定結果を分かりやすく立証する責任は当事者にあるから、どのような立証方法を用いるかは当事者に委ねられるべきであり、裁判所は介入すべきではない。仮に鑑定内容に立ち入った打合せが必要になる場合には、裁判所に退席を求めるべきだろう[*65]。

Ⅳ 鑑定結果の立証の在り方

1 鑑定書の在り方

当事者主義の下では、鑑定結果の立証の在り方についても当事者が責任を負う。起訴前嘱託鑑定の場合には、鑑定書は書証、鑑定受託者は証人として申請されることになるから当然であるが、裁判所の鑑定の場合にも、鑑定書の朗読によるか、口頭報告又は証人尋問によるかは、その結果を有利に援用する当事者が決定すべきことである。このように考えると、裁判所が口頭による報告だけを求め、書面による報告（鑑定書）を求めないこと（司法研究45頁）は、問題である。また、鑑定書が作成されないと、他の精神科医にセカンド・オピニオンを求めることができず、鑑定の内容を検証することができなくなる[*66]。

したがって、基本的には、従来と同様の鑑定書の作成を求めるべきである。鑑定書を書証として取り調べる場合には、朗読に適した簡潔な内容にする必要があるが、鑑定を依頼する時点では、当事者の同意が得られるかどうかは不明

[*64] 司法研究46頁以下。なお、栃木敏明ほか・前掲注54座談会8頁［三好幹夫発言］は、「我々の検討会の中でも、予行演習みたいなことをやるのはまずいんじゃないかということで、ほぼ全員が結論が一致しました」と指摘している。

[*65] 三好幹夫・前掲注54座談会35頁は、「弁護人の立場から、このようなカンファレンスが充実すればするほど具体的に過ぎて裁判所に予断を与えるのではないかと懸念されるのは無理もないところであり、そのような場合には、当事者から率直に退席を求めるのが適当であろうと思われる」と指摘する。

[*66] 青柳勤・前掲注52論文74頁は、「鑑定の口頭報告を基本とする場合も、反対尋問者は鑑定内容を事前に了知しておく必要があり、その意味で、鑑定書の作成は必要不可欠である」と指摘する。

であり[67]、結果的に同意が得られない場合には、口頭報告又は証人尋問によって立証することになるのだから、最初から書証として取り調べることを前提とする必要はない[68]。セカンド・オピニオンを求めることを考えると、鑑定書の記載のみから鑑定結果が導かれた根拠が客観的に検証できる程度の内容は必要不可欠である。具体的には、診断及びその根拠、犯行前後の経緯等、犯行時の弁識能力・制御能力に関する着目点だけでは不十分であり、鑑定資料の範囲及びそれに基づき認定した前提事実、心理検査・身体的検査の結果などは、当然明示される必要がある。

2 口頭報告又は証人尋問の在り方

 司法研究は、「鑑定人の意見は、原則として口頭報告によるのが相当であり、必要に応じて、尋問の際に鑑定メモを補充的に利用する」ことを提言している(司法研究45頁)。しかし、起訴前嘱託鑑定の場合には、鑑定書の朗読又は証人尋問によらざるを得ないし、裁判所の鑑定の場合でも、鑑定結果に争いがない場合などは、鑑定書の朗読によって立証する方が分かりやすい場合も全く考えられないではない。したがって、鑑定書の朗読によるか、口頭報告又は証人尋問によるかは、当事者の選択に委ねるべきである。

 また、証人尋問又は口頭報告を用いる場合には、当事者からの尋問を先行させる「尋問先行型」と、鑑定人からの説明を先行させる「解説先行型」があるが、「解説先行型」の場合は鑑定人に高いプレゼンテーション能力が求められるから、一概にどちらがよいとは言えない。基本的には、当事者の選択に委ねられるべきである。なお、証人尋問又は口頭報告に当たって、証言を明確にするために、プレゼンテーション・ソフトや配付資料を利用することも考えられるが、その場合には事前に相手方に閲覧の機会を与えておく必要があろう[69]。

---

* 67 岡田幸之ほか・前掲注58論文184頁以下によると、多くの精神科医は「今までどおりの鑑定書とその要約版を作る」と回答している。
* 68 「刑事責任能力に関する精神鑑定書作成の手引き 追補(ver.1.1)」8頁は、「鑑定書の記載量の短縮には慎重であるべき」であり、「かりに法廷に提出する書面は短縮化する、あるいは口頭のみで報告するとしても、鑑定の作業自体まで短縮化されるべきではない」としている。
* 69 大口奈良恵「精神鑑定及び法医鑑定に関し、分かりやすく迅速かつ的確な主張・立証のため

また、複数の鑑定人（鑑定受託者を含む）を尋問する場合には、「対質尋問」の方法を活用することも考えられるが（司法研究55頁）、裁判所からの尋問を先行させることは職権主義的になり過ぎるきらいがある（特にカンファレンスに裁判所が立ち会い、鑑定内容の報告を受けている場合にはなおさらである）。仮に対質尋問を行う場合でも、当事者が鑑定人と事前に綿密な打合せを行っておくことは不可欠であろう。鑑定結果を分かりやすく立証する責任を負っているのは、当事者であることを忘れてはならない。

V　裁判員に対する説明の在り方

1　司法研究

　裁判員法66条5項は、「裁判長は、第一項の評議において、裁判員に対して必要な法令に関する説明を丁寧に行う」ことを義務付けている。責任能力は難解な法律概念であり、裁判員に分かりやすい説明を行う必要がある。ただし、分かりやすければよいというものではなく、判例理論に照らして「正しい」説明である必要がある。裁判員裁判では、公判前整理手続において、裁判員に対する説明の在り方をめぐって協議が行われることになる。

　司法研究は、統合失調症の影響を理由として責任能力が争われる場合につき、「犯行が妄想に直接支配されていたか否かが責任能力の判断のポイントとなる事案では、端的に『精神障害のためにその犯罪を犯したのか、もともとの人格に基づく判断によって犯したのか』という視点から検討するのが裁判員にとって理解しやすいのではないかと思われる。すなわち、『統合失調症の圧倒的な影響によって犯したもので、もともとの人格に基づく判断によって犯したと評価できない場合か』（心神喪失）、『統合失調症の影響を著しく受けているが、なお、もともとの人格に基づく判断によって犯したといえる部分も残っていると評価できる場合か』（心神耗弱）、『統合失調症の影響があったとしても著しいものではなく、

の工夫がなされた二事例について」研修729号（2009年）85頁以下、拙稿「わかりやすいだけでは、裁判員の納得は得られない」季刊刑事弁護53号（2008年）78頁以下参照。

もともとの人格に基づく判断によって犯したと評価することができる場合か』という形で判断の対象を示すのが適当ではなかろうか」と提案している。[*70]

2　司法研究の問題点

しかし、昭和59年決定及び平成21年決定は、個別事件における法令の適用を示したに過ぎず、刑法39条の解釈を示したものではない。平成21年決定が重視する病的体験の直接支配性や本来の人格傾向も、裁判官裁判において重視されてきた「重要な間接事実」あるいは「経験則」にすぎない。裁判員法は、法令の解釈は裁判官の権限としているが（同6条2項）、事実の認定及び法令の適用は裁判官と裁判員の権限としているのであるから（同6条1項）、裁判長の説明が裁判員の判断を拘束する趣旨であれば疑問である[*71]。また、弁識能力・制御能力という概念が、裁判員に理解されないほど難解であるとは思えない[*72]。仮に司法研究の説明を用いるとしても、責任能力の趣旨に遡って説明しようとすれば、弁識能力・制御能力の観点は不可欠と思われる[*73]。

もっとも、裁判員の判断を拘束する趣旨ではないことを明示した上で、従来

[*70] 司法研究36頁以下。なお、同38頁は「今回の研究では、①統合失調症のほか、②躁うつ病、③アルコール関連障害、④薬物関連障害、⑤広汎性発達障害、⑥人格障害についても検討を加えたが、それぞれについて、上記と同様の視点に基づいた上で、各類型に応じた表現による判断の対象を示し、その責任能力を検討することは基本的に可能と思われる」としている。

[*71] 林美月子「刑事責任能力と裁判員制度――刑法学の立場から」法と精神医療24号（2009年）41頁参照

[*72] 日弁連が収集した判決106件（統合失調症18件）のうち、判決文中に「精神障害の影響か、もともとの人格に基づく判断か」という説明概念が用いられているものは16件（統合失調症4件）しかない。そのうちの7件では弁識能力・制御能力が併せて用いられているため、司法研究の提唱する説明概念のみで判断している判決は9件（統合失調症2件）しかない。多くの裁判例は、動機の了解可能性、行動の合理性・合目的性、違法性の認識等を総合的に考慮して、弁識能力・制御能力の有無及び程度を判断している。

[*73] 司法研究37頁以下も「裁判官としては、弁識能力及び制御能力の概念を念頭に置いておく必要がある。場合によっては、裁判員に対し、上記のような判断対象を示した背景として、判例のいう弁識能力及び制御能力について補足的に分かりやすい表現で説明を加えるのが適当なこともあり得るであろう（例えば、『もともとの人格に基づく判断によって犯したと評価できない場合』というのは、『自分の行っていることが良いことか悪いことかが理解できない場合、あるいは、悪いことと分かっていても行動に出ることを思いとどまることができなかった場合』を考慮に入れて設定したものであるといった説明をすることも考えられる。）としている。

の裁判官裁判の判断傾向を説明することはあり得る。ただし、病的体験の直接支配性は、「直接支配されている場合は心神喪失になる」という趣旨であり[*74]、「直接支配されていない場合は心神喪失ではない」という趣旨ではないことに注意が必要である[*75][*76]。裁判例の中には「直接の動機は怒りであり、幻覚妄想の影響は間接的である」として心神喪失を否定するものがあるが、現実には、心神喪失と認定された裁判例を見ても、犯行を指示する明確な幻覚・妄想が存在する典型的な事例は多くない[*77]。最終的には弁識能力・制御能力の有無こそが問題であり、当該行為が違法であることを認識できたかどうか、思いとどまることができたかどうかにより、判断されるべきである。

また、元来の人格傾向についても、何をもって「人格」というのか、その意義が明確でない[*78]。アルコール（飲酒酩酊）や薬物の急性中毒、急性一過性精

---

*74　高橋省吾・前掲注28・360頁参照。

*75　平成20年判決が「強い影響」という表現を用いており、司法研究が「圧倒的な影響」という表現を用いていることも、このような理解に沿うものである。

*76　山口地判平成24年2月20日は、犯行動機は統合失調症による幻覚や被害妄想の影響を強く受けた中で形成されたものであることを認めながら「『自分以外は悪魔であり全員殺すべきだ。』などというような全く突拍子もないものとまではいえないし……妄想とはいえ、被害に遭ったことに対して怒りを爆発させ報復しようという動機の形成過程には一定の論理性もみられる」などとして心神喪失の主張を排斥しているが、疑問である。

*77　司法研究の本文では「裁判例では、犯行の動機や犯行が妄想に直接支配されていたか否かという点が最も重要視され、次いで、動機や犯行態様の異常性などが被告人の平素の人格（統合失調症に罹患する前からのもの）とかい離しているか否かという点も重視されている」と分析されているが（36頁）、その根拠とされている「資料3-4　責任能力が問題となった裁判実例の類型（①統合失調症の場合）」を見ると、「犯行を指示する幻覚・妄想がある場合【心神喪失】」以外にも、「犯行の直接的動機が迫害等を受けているとの幻覚・妄想から迫害者と考える者を排除したり、報復するという点にある場合【心神喪失】」「動機が理解し難く、異常な挙動を示していた場合【心神喪失】」「統合失調症の強い影響を受け、本来なら容易に解決可能な悩みを理由として短絡的に焼身自殺を図った事例【心神喪失】」「動機を確定できないものの、いずれにしても妄想・幻覚に基づく誤った事実認識が基盤となって形成されている場合【心神喪失】」などの類型が心神喪失に分類されており、必ずしも裁判例が幻覚・妄想の直接支配性を重視しているとの分析結果は示されていない（同266頁以下）。

*78　吉岡隆一「裁判員制度と責任能力」法と精神医療25号（2010年）16頁は、「『もともとの人格』論での人格は反社会的な傾向の存在を第一として言及されがちであり、次いでは否定的な人格傾向の存在によって責任能力の減免を考えない方向で考慮されることがあり、第三にいわゆる精神医学的な人格障害を取り上げるときには、他の精神障害との重複でその精神障害のみよりも有責とする方向で作用されるものとして、3重の意味でつかわれている」と分析した上で、「了解過剰傾向がビルトインされている」と評価している。

神病性障害などの場合には、元来の人格傾向と異質かどうかという判断になじみやすいが[79]、統合失調症の場合には「もともとの人格」自体が変容してしまっているという問題がある[80]。「発病前の人格」というのだとしても、元来の人格傾向の認定自体が困難を伴う[81][82]。検察官が悪性格を立証すれば、弁護人もこれに反証する必要が生じ、争点が徒に拡散するおそれがある[83]。また、発達障害、知的障害（精神遅滞）の場合には、障害の特質自体が生来的なものであるため元来の人格傾向を想定することができない[84]。パーソナリティ障害の場合には、性格の偏りに過ぎないため心神喪失又は心神耗弱になる余地がないということにもなりかねない。

「正常な精神機能」をいうとの理解も示されているが[85]、「もともとの人格」という字義から離れる上、そもそも正常な精神機能と異常な精神機能に峻別した上で、それぞれの影響を評価することが可能かという根本的な疑問がある[86]。また、急性錯乱状態のような場合を別にすれば、「正常な精神機能」が全く欠けるような場合は想定できないのであり、正常な精神機能が少しでも残っていれば心神喪失にならないかのような説明には疑問がある。責任能力の有無及び

---

*79　安田拓人・前掲注21論文272頁以下にも、「（司法研究の）判断枠組みが実は最も適合的だと思われるのは、一時的な精神の障害であるがゆえに、当該状態に陥る前の『もともとの人格』を判断の基礎としやすい飲酒酩酊の場合ではないかと思われる。」という指摘がある。

*80　浅田和茂「責任能力と精神鑑定」犯罪と刑罰21号（2011年）47頁。

*81　樋口裕晃＝小野寺明＝武林仁美「責任能力1(3)」判例タイムズ1375号（2012年）90頁参照。

*82　松江地判平成22年6月4日は「被告人は、妄想型統合失調症を発症してから約40年が経過していたため、人格水準が低下して、外部からの刺激に対して衝動的な行動に出てしまいやすい状態にあった」と判示しているが、前橋地判平成23年3月1日は、「被告人の内気でおとなしい性格は、統合失調症の発病後においても変わっていないと考えられる」と判示している。

*83　最二小判平成24年9月7日（最高裁判所ホームページ）は、「前科、特に同種前科については、被告人の犯罪性向といった実証的根拠の乏しい人格評価につながりやすく、そのために事実認定を誤らせるおそれがあり、また、これを回避し、同種前科の証明力を合理的な推論の範囲に限定するため、当事者が前科の内容に立ち入った攻撃防御を行う必要が生じるなど、その取調べに付随して争点が拡散するおそれもある」と判示している。もとより前科証拠の許容性に関する判断ではあるが、本来の人格傾向をめぐって性格証拠が用いられる場合にも参考になる。

*84　広汎性発達障害につき、十一元三「広汎性発達障害が関与する事件の責任能力鑑定」精神医学53巻10号（2011年）965頁。

*85　安田拓人・前掲注21論文277頁以下。

*86　樋口裕晃＝小野寺明＝武林仁美・前掲注81書89頁参照。

程度は、残された正常な精神機能を前提として、当該行為の違法性を認識できたか、思いとどまることができたかにより、判断されるべきである。

3 裁判員の疑問に答える必要性

もっとも、これまでの裁判官裁判で「元来の人格傾向」が考慮されてきたのは、「もともと粗暴な人間だから、病気の影響はなかったのではないか」という素朴な感覚があるからだと思われる。「7つの着眼点」についても同様であり、これまで法律家が疑問を持ってきたのであれば、裁判員も同様の疑問を持つ可能性が高い。そうだとすれば「動機が了解できるから、病気の影響はなかったのではないか」「合理的に行動できているから、制御能力があったのではないか」「自首をしているから、弁識能力があったのではないか」という裁判員が抱く素朴な疑問に対し、答える必要がある。

裁判員に対する責任能力の説明としては、常識に従って、間違いなく「本件犯行が違法であることが分かっていた」「本件犯行を思いとどまることができた」と言えるかを判断対象とした上で、「(精神の障害により)違法であると分かっていなかった」「思いとどまることができなかった」という疑問が残れば無罪である、というものが考えられる。弁護人としては、裁判長に対し、評議において正しい責任能力の説明をするよう求めるとともに、裁判員が抱くであろう疑問に対し、鑑定人の尋問等を踏まえた上で、精神障害の影響があったことを丁寧に主張立証していく必要がある。

(田岡直博)

コラム

評議において裁判例を示すことの当否

　司法研究では、評議において、「類似事案の裁判例」を参考にすることが提唱されている（同39頁）。心神喪失は弁識能力及び制御能力が「全くない」状態、心神耗弱はそれらが「著しく障害」された状態と一応は定義できるが、心神喪失、心神耗弱と完全責任能力の間には明確な線が引けるわけではなく、最終的には程度問題（相対的判断）にならざるを得ないが、事件ごとに選任される裁判員には、その判断が難しい。その意味で、責任能力判断は量刑判断に類似する面があり、類似事案の裁判例を示す必要性は理解できなくはない（ただし、岡田幸之「刑事責任能力と裁判員制度」中谷陽二編『責任能力の現在——法と精神医学の交錯』130頁は、精神科医や法曹三者の間でも、能力の程度のイメージには個人差が大きいことを指摘しており、裁判員固有の問題とは言えない可能性がある。）。

　しかし、過去の裁判例が正しいという保障はないのであるから、過去の裁判官裁判の判断を所与の前提として評議を進めることには疑問がある。また、どの裁判例を選択するかにより、裁判員の判断に影響を与えてしまう危険性も否定できない（量刑評議でも、同様の危険性が指摘されている。）。例えば、山口地判平成24年2月20日は、犯行動機は統合失調症による幻覚や被害妄想の影響を強く受けた中で形成されたものであることを認めながら「『自分以外は悪魔であり全員殺すべきだ。』などというような全く突拍子もないものとまではいえないし……妄想とはいえ、被害に遭ったことに対して怒りを爆発させ報復しようという動機の形成過程には一定の論理性もみられる」などとして、心神喪失の主張を排斥している。このような極端な事例と比較して、それより「まし」であるという判断では、心神喪失が認められる場合はほとんどなくなってしまう。仮に裁判例を示すにしても、どの裁判例を示すかについては、公判前整理手続において検察官及び弁護人の同意を得ておくべきであろう。

（田岡直博）

第4章

捜査段階の弁護活動

I　はじめに

　接見等を端緒に、精神障害が事件に影響したと疑われる場合がある。その場合、通常の弁護活動に加え、責任能力判断に関係すると思われる証拠を収集する必要がある。精神症状は環境の変化や投薬治療等により影響を受けやすく、捜査段階で活発な幻覚妄想体験を語る被疑者であっても、起訴後に症状が改善し、犯行直後に語っていた幻覚妄想体験を語れない場合もある。犯行直後の被疑者の言動については、証拠の保全が重要である。

　精神障害の影響により、黙秘権や署名押印拒否もできず、捜査官に誘導されやすい被疑者もいる。特に、了解可能な動機等が捜査官によって作出されないか、注意しなければならない。

　本稿では、捜査段階で弁護人が行うべき活動を具体的に検討する。

II　捜査段階の目標

　弁護人は、捜査段階から、①不当な身体拘束からの解放、②適切な罪名での起訴ないし不起訴をめざし、そのために、③不適法・不相当な捜査活動を防ぎ、④公判審理を意識した情報収集活動を行なうことになる。

　これらの目標は、責任能力が問題となる事件でも基本的には同様である。[87]

---

[87]　菅野亮「裁判員裁判における責任能力鑑定と弁護活動」『実例刑事訴訟法III』（青林書院、2012年）161頁参照。

もっとも、精神障害者は、通常の被疑者よりも、自己の権利を行使することが難しい場合も多く、弁護人の果たすべき役割は大きい。

Ⅲ　接見の重要性

1　責任能力に問題があるかもしれないと気がつく端緒

初回の接見時から被疑者に何らかの精神障害があることが分かる場合もある。被疑者が活発な幻覚妄想体験を語ったり、簡単な問いかけにも趣旨が不明な発言に終始したり、そもそも問いかけに応じない場合である。

通常の会話はできているが、被疑者の語る動機・行為態様が了解不能であったり、常識的な感覚から違和感を感じる場合も、犯行に何らかの精神障害の影響があることを疑うべきである。

他方、何度か接見を繰り返した後にようやく幻覚妄想体験が語られる場合もある。家族らから、被疑者の生活状況、入・通院歴、服薬状況、及び犯行前後の状況等の聞き取りをする中で、精神障害の影響に気がつく場合もある。

2　犯行直後の被疑者の言動を証拠化することの重要性

犯行直後の被疑者の言動は、犯行時の被疑者の精神症状を推し量る上で非常に重要である。被疑者の供述内容だけでなく、被疑者の供述時の表情、話し方、体の動き等（以下では、これらを含め「言動」という。）も精神症状を推し量る重要な資料となる。

環境の変化や投薬治療等により症状が改善（ないし悪化）することもある。そこで、接見時に、被疑者に責任能力に問題があると思われる言動があれば、その言動を証拠化すべきである。録画ができれば一番よいが、拘置所は接見時の録画を認めないため、やむを得ず録音等の手段によることもあろう。

責任能力を争うかどうかの弁護方針を確定するため、後日、精神科医等の専門家に相談する際も、できるだけ多くの資料があることが望ましい。特に犯行直後の被疑者の言動に関する資料があれば有益である。

3 接見時の弁護人の態度

接見時、話を受容的に聞くことも重要である。また、選任されてから連日的に接見に行くことも重要である。そうすることによって、被疑者は弁護人を信頼する。当初は語られていなかった、動機等に関係する幻覚妄想体験が語られることもある。

また、誘導せず、被疑者から話を聞くことが大切である。動機等に関して弁護人の仮説を述べてしまうと、それによって誘導されてしまう可能性もある。

4 接見時に何を聞くか

コミュニケーションが取れる被疑者であれば、接見で、犯行に至る経緯、動機及び犯行態様等を聞くことは通常の事件と同様に重要である。特に、責任能力判断に関しては、「動機の了解可能性」が重視されているので、この点に関する事項を確認し、証拠化する必要がある。

また、事件に関することだけでなく、これまでの被疑者の生活状況、入・通院歴、処方されていた薬の内容及び服薬状況等を丁寧に聞くことが重要となる。特に、犯行時の責任能力判断に関して、犯行直前の生活状況、入・通院歴や服薬状況は重要である。

被疑者が精神症状の悪化により苦しんでいるような場合には、刑事収容施設等に対して必要な治療等を行うことを申し入れる必要がある。申入れをした結果、精神科医の診察を受けられる場合もあり、これらの弁護活動により、被疑者が精神的に落ち着いた状態で供述することが可能になる。

コラム

接見での対応

（知的障害）

知的障害者は概して迎合的であり、こちらの質問に全て「はい」と答えたり、分かったふりをすることが多い。これを誤解してこちらの話を理解していると思って弁護活動を進めた場合、方針を大きく誤ることにもなりかねない。その

ため、知的障害者との接見の場合は、①クローズドな尋問を避けてオープンな質問をすること、②こちらの説明を復唱させて理解度を問うことなどが考えられる。

　また、通常であれば理解できる説明もなかなか理解してもらえないことが多いので、平易な言葉で繰り返し根気強く説明することが必要である。分からないからと言って、決して腹を立てたりしてはならない。

（統合失調症）

　統合失調症も慢性期であれば人格が解体されていることも多く、意思疎通に支障を来すことも多い。その場合は、無理に意思疎通をすることなく、被疑者・被告人の話に耳を傾ける。急性期も同様である。

　また妄想を語ることも多いが、無下に否定することも、必要以上に肯定することもなく、とにかく話を聞くことが必要である（なお、この理は統合失調症に限らず、妄想が出るタイプの全ての精神障害に当てはまる。）。

　統合失調症の場合は接見時の状態の保全と妄想の内容の聴取こそが、責任能力判断に必要であるので、この二つの獲得が接見の目標であることを肝に銘ずる必要がある。

（発達障害）

　発達障害と言ってもその内容は多岐にわたるが、ここでは一般的な話にとどめる。

　総じてコミュニケーション能力に難があるため、通常と同じ対応をしてもうまくコミュニケーションをとれないことが多い。そのため、質問は答えが引き出しやすい５Ｗ１Ｈ式でシンプルに一問一答をすることが必要となる。また、関係ない話をしたときもすぐには遮らず、ある程度話を聞いた上で根気よく話を聞くことが必要となる。怒ったり怒鳴ったりすることは禁物である。障害ごとに特性が違うので、可能であれば専門家や関与している福祉関係者の力を借り、コミュニケーションの取り方を教示してもらうのも良いであろう。

（うつ病）

　うつ病の場合は、こちら側の些細な言動で病状が悪化したりするので、注意しなければならない。具体的には、事情聴取をすることに徹し、依頼者の行動や判断に対して評価しないこと（非難は勿論のこと、評価そのものをしない）が必要である。希死念慮があることも多いので、その場合はとにかく受容的な姿勢を保ち、説得しようとしないことが肝要である（二度とこちらを信頼してくれなくなる。）。話に耳を傾けた上で、「いつでも話をしてほしいこと」「自殺の実行だけはしないでほしいこと」の二つを伝えて被疑者・被告人の心情を安定させることが必要である。

（認知症）

　高齢の場合は認知症の疑いがあることがある。可能であれば長谷川式簡易知能評価スケールを行って、認知症の有無を確認する。そのような検査ができない場合も短期的な記憶や時間的・場所的・人的見当識を問う質問をして認知症の有無を確認する。病識がないことがほとんどなので、認知症を疑ったからといってそれを指摘したりすることはしてはならない。検査の場合も、通常の質問に混ぜて、認知症を疑っていると気付かれないように注意する必要がある。根気よく前記質問を続け、認知症であることを裏付ける事情の収集に徹し、表向きは話に耳を傾ける受容的な姿勢が必要である。

（佐藤隆太・森岡かおり）

コラム

精神障害に気付くポイント

　精神障害に罹患していても、病識（病気であるという自覚）がない被疑者・被告人は少なくない。「精神病院に行ったことはありませんか」「妄想ではありませんか」という聴き方は、信頼関係を損なうおそれがある。そこで、いきなり精神症状を聞くのではなく、不眠等の身体症状を尋ねるのが、基本である。「体の具合はいかがですか」「よく眠れていますか」「病院にかかっていません

か」などと尋ねることにより、精神科病院に入通院していたり、逮捕後に医師の診察を受けていることが判明することがある。とくに重要なのが服薬の種類及び量である。仮に病識があっても、被疑者・被告人が病名を正確に理解しているとは限らない（患者には、正確な病名を伝えない医師もいる）。しかし、服薬の種類と量を聴けば、おおよそどのような精神症状があるかは推測できる。また、現在の症状が精神症状そのものであるのか、それとも薬剤の影響であるのかも推測できる。医薬品の添付文書は、独立行政法人医薬品医療機器総合機構（pmda）のウェブサイトから、検索することができる。また、スマートフォンのアプリケーションの中には、添付文書を検索できるものがある。被疑者・被告人から薬剤の種類を聞き、添付文書を検索して、「効能及び効果」「用量及び用法」を調べれば、対象となる精神疾患や、通常の用量を調べることができる（用量が多ければ、それだけ症状が重いと推測できる。）。また、医師や精神保健福祉士に相談する際にも、これらの情報は有益であることが多い。

(田岡直博)

コラム

弁面調書の活用

員面、検面に準えて、弁護人が作成する被疑者・被告人の調書を弁面調書と呼び習わしている。弁護人が文章構成を主導し、被疑者・被告人に確認の上で署名押印を求めるもの、と考えれば分かりやすいだろう。

本文で指摘したとおり、弁護人が被疑者に対し取調べ等に対する方針を指示したとしても、知的障害や精神症状の影響により、方針に従った行動ができない場合があるが、その結果、（もとより直接確認は出来ないものの）一見して尤もらしい、しかし接見においては被疑者・被告人が否定する内容の調書が作成されてしまったのではないかと疑われる場合、後の公判において当該調書を弾劾するためには、後の公判になって初めて内容を争うようでは成功は覚束

ず、同調書作成と同時期に既に争いの痕跡を残しておく必要がある。弁面調書は、そのために有用である。端的に例を挙げる。接見により、被疑者・被告人から、「『騒音を立てる階下の住人の態度に徐々に殺してやろうという気持ちが募り、犯行に及んだ』という調書に署名をしてしまったが、本当は、騒音を聞く度に、電波が殺せと指示してくるので、そのような電波を聞きたくなくて殺害に及んだ。取調官は、電波の所為にするのは卑怯だとか、電波は結局あなたの気持ちの表れだったのだろうと言い、取り合ってくれなかった」と言われたとしよう。この場合に、後の公判で任意性を争うと想定して、調書作成と同じ日に、調書を否定する趣旨の内容の調書を作成しておけば、少なくとも328条書面としては証拠能力を持つであろう（作り方次第では322条書面としての証拠能力も期待できる。）ことから、敢えて弁護人を欺く動機もないとすれば双方の調書の信用性は五分五分に持ち込めよう。

　更に進んで、取調べ内容を克明に報告する能力すらない被疑者・被告人の場合、取調べでなすすべもなく不利な調書が作成されてしまっていると仮定して、被疑者・被告人の言い分を弁面調書に残しておけば、功を奏して不利な調書と整合しない、ほぼ同時期の弁面調書が手元に残った場合、上記同様に活用できる。弁面調書は、基本的発想としては、不利な調書が作られてしまった場合の保険である（勿論、調書を作成させずにおいた上で、公判における主張が捜査当初から一貫していることを立証するためにも活用できるが。）。特に防御能力に劣る被疑者・被告人を守る上で、弁護人が取調べ状況に関心を持ち、証拠能力ある弾劾方法を確保しておくことは、腕の見せ所である。弁面調書は、その有力実践である。

（金岡繁裕）

Ⅳ　証拠の収集・保全

　証拠の収集は、捜査段階では、被疑者を不起訴にするための資料収集という意味を持つ。また、起訴後は、弁護人のケース・セオリーの確立のための資料となるが、証拠の収集は、起訴後、証拠開示等に続くことになるので、捜査段

階ではあくまで証拠収集のスタート段階である。

1 犯行直後の被疑者の言動の証拠化

既に述べたとおり、犯行直後の被疑者の言動の証拠化は重要である。

特に、裁判員裁判の場合、公判審理までに一定期間かかることから、被疑者の精神症状が犯行時と大きく異なる可能性もある。症状が劇的に改善した被疑者の場合、犯行直後の被疑者の言動に関する証拠がなければ、犯行時の精神症状を裁判員に理解してもらうことは困難であろう。

実際の裁判員裁判においても、被疑者の捜査段階の言動をビデオ録画した映像が証拠として採用され、公判廷で取調べられた事件がある[*88]。報道によれば、記者会見に応じた裁判員が、映像があったために被告人の病気のイメージがつかめたと評価したようである。

2 言動等の保全

被疑者の言動等を証拠化する上で、一番簡明なのは録画することである。録音では、被疑者が供述する際の様子を証拠化できない。

録音・録画のための機器がない場合には、接見内容のメモについて作成日付が明らかになる工夫をしておくべきである（確定日付の取得、事務所へのＦＡＸ送信、メモに切手を貼り郵便局で消印をもらう方法など）。

ただし、拘置所等では、接見室内での録画機器の使用を禁じ、その旨の掲示がなされ、録画機器の使用を理由に拘置所等から懲戒請求がなされている事例もある。日本弁護士連合会では2011年1月20日付「面会室内における写真撮影（録画を含む）及び録音についての意見書[*89]」において、「面会室内において写真撮影（録画を含む）及び録音を行うことは憲法・刑事訴訟法上保障された弁護活動の一環であって、接見・秘密交通権で保障されており、制限なく認め

[*88] 東京地判平成22年10月5日殺人被告事件。高野隆「接見ビデオを法廷で上映し、弁護側専門家が証言した事例」（季刊刑事弁護69号〔2012年〕68頁）
[*89] 日本弁護士連合会HP。http://www.nichibenren.or.jp/activity/document/opinion/year/2011/110120_3.html

られるものであり、刑事施設、留置施設もしくは鑑別所が、制限することや検査することは認められない。」としている。しかし、近時被疑者の様子を写真撮影する行為が接見にあたらないとする裁判例もあるため注意が必要である。東京地判平成26年11月7日では写真撮影一般が刑訴法39条1項の「接見」に含まれるかの明確な判断はせず、福岡地裁小倉支部判平成27年2月26日では、接見を弁護人等と被疑者等との意思疎通に限定した。

これらに対し、日本弁護士連合会は写真撮影や録音・録画を行うことは「接見」の一環であることを理由にこれらの不当性を表明している（平成26年11月7日平成27年2月26日両会長談話）。

3　証拠収集の対象と手段

被疑者が精神障害を有する疑いが生じた場合には、家族や主治医と面談して、犯行前の被疑者の生活状況や治療状況等を聞くことが重要である。

また、事案によっては、被疑者の犯行直前の生活状況や被疑者のキャラクターを知る関係者から事情を聞くことが有益な場合もある（近隣住民、生活保護のケースワーカー、学校の先生、同級生、同僚、民生委員、各種施設職員等）。

捜査段階で、心神喪失を理由とした不起訴を目指す場合、被疑者から同意書を取り付けて、カルテ等の医療記録の開示や主治医から事情を聞き、犯行直前の被疑者の精神障害の診断名、重症度、服薬状況、及び犯行への影響の有無・程度等（もっとも主治医によっては司法精神医学の知識がない場合もあるので、犯行への影響の有無・程度等は参考意見にすべき場合もある。）を聴取し、不起訴が相当だと意見書を出すこともある。また、精神障害の影響が大きいことに関しては、被疑者の平素の人格や生活状況を知ることも重要であるから、被疑者のキャラクター等を把握する関係者からの事情聴取も有益であろう（若年者であれば、指導要録や担任の先生から話を聞くこともある。）。

なお、起訴後は、公判前整理手続に付される事件であれば、証拠開示請求により、鑑定書やその他のカルテ等の開示請求が可能である（公判前整理手続に付されない事件でも、任意の証拠開示では足りないと判断される場合は、公判前整理手続に付することを求めるべきである。）。

そのほかの証拠としては、留置施設で作成される留置簿冊がある。そこには被疑者の留置施設における特異な言動等が記録されていることがある。弁護士会照会や公務所照会等の手段により、入手を行うべきである。

　また、重要な証拠として、被疑者が少年時に、少年審判を受けていた場合には、その際の社会記録等がある。これを入手するには起訴後、裁判所に社会記録の取寄請求を行う。認められれば、裁判所の手元に記録が届くので、裁判所で閲覧を行うことができる。

Ⅴ　取調べに対する対応

1　供述調書の問題点

　取調べにおいては、捜査機関によって有罪立証のために必要な供述調書が作成される。特に、過去の裁判例では、動機の了解可能性が重視されているので、供述調書に了解可能な動機・経緯が記載されたり、精神障害の影響ではなく、あくまで自己の判断で犯行を行ったことが供述調書において強調される傾向がある。

　そして、精神障害を有する被疑者は、黙秘権や署名押印拒否権等の適切な防御権を行使することが困難で、取調官の誘導の影響を受けやすい（時として、被疑者自身もそのような動機であったかと誤信してしまう。）。

2　捜査機関に対する対応

　責任能力が問題となる事件については、検察官に対して、取調べの全過程の録音・録画を申し入れることが有益である。「全過程」というのは、検察官の取調べの最初から最後までの録音・録画であることは当然、警察での取調べについての全ての取調べの録音・録画を指す。

　検察官の取調べについては、裁判員裁判対象事件、知的障害によりコミュニケーション能力に問題がある被疑者等に係る事件、精神の障害等により責任能力の減退・喪失が疑われる被疑者に係る事件及び検察官独自捜査事件ついては、原則として取調べの録音・録画を実施することとした最高検の依命通知がだされ、平成26年10月1日から上記対象事件について運用により録音・録画する

ことになっている（なお、裁判員対象事件及び検察官独自捜査事件については今後、法律上、録音・録画の対象となる見込みである。）。

そこで、弁護人としては、上記の依命通知を指摘し、全過程の録音・録画を求めることになる。

3 被疑者に対するアドバイス

取調べに対する対応については、被疑者の能力・症状により異なる。

前述のとおり、捜査機関は有罪立証のために必要な供述調書を作成する可能性が高い。特に了解可能な動機が記載された供述調書が作成される可能性があるので、可能であれば、黙秘することが望ましいと言える。

しかしその一方、活発に幻覚妄想体験を語るようなケースでは、一部であったとしても、幻覚妄想状態にある被疑者の言動を証拠とする意味はあり、取調べで、被疑者に供述させるという方針もあり得る。

結局は、被疑者の症状等を勘案し、事案ごとに判断することになる。

なお、弁護人が被疑者に対し、取調べ等に対する方針を指示したとしても、知的障害や精神症状の影響により、方針に従った行動ができない場合もある。これは、やむを得ない面もあると理解しておく必要がある。

なお、黙秘や署名押印拒否を行う場合、責任能力を肯定する事情として考慮する精神科医もいる。

VI 鑑定留置への対応

1 鑑定留置とは

起訴前本鑑定（以下、単に「起訴前鑑定」という場合は、起訴前本鑑定をいう）は、起訴前に、検察官が、裁判所に鑑定留置を請求し、2～3か月間かけて行われる鑑定である（鑑定留置期間は延長されることもある。）。検察官はこの鑑定結果を起訴・不起訴の重要な判断資料としている。

近年、検察庁は、積極的に起訴前鑑定を実施する方向にあり、鑑定件数も増えている。

鑑定留置期間は勾留日数としてはカウントされず、鑑定留置が終了してから残りの勾留期間が進行する。通常、鑑定後の取調べのために勾留期間を約5日程度残すことを考慮して、勾留期間の15日目頃に鑑定留置されることが多い。

留置場所は、病院に入院して行われる場合（短期間だけ入院する場合もある。）もあるし、留置施設のままの場合もある。鑑定留置中、留置施設の場合は当然、病院に入院している場合でも、弁護人が被疑者と面会をすることはもちろん可能である（ただし、入院中は、通常の患者と同様の面会時間での面会が求められている。）。

2　精神鑑定を求めるべきか

起訴前鑑定は検察官の判断で行なわれるため、検察官に鑑定を行うよう働きかけるか否かも問題となる。

鑑定結果が起訴・不起訴の判断の材料となるため、精神科への入・通院歴がある場合や、犯行前後の被疑者の言動などから精神障害の影響が疑われる場合には、検察官に鑑定を求めることも考えられる。

一方、起訴前鑑定の有無とは関係なく、当事者鑑定（私的鑑定）を行うことも考えられる。その場合には、起訴前鑑定には協力することなく、弁護人が資料を収集し、いずれ行う当事者鑑定に備えるという方針選択もあり得よう。

検察官に起訴前鑑定を求める場合には、検察官に面会を求めたり、意見書を提出するなどの方法が考えられる。

3　鑑定留置中の弁護活動

起訴前鑑定は、本鑑定とはいえ、その性質上、問題もある。

鑑定受託者の選定や鑑定資料の取捨選択が検察官に委ねられているため、鑑定結果が恣意的にコントロールされてしまう危険性がある。また、本鑑定は逮捕されてから2週間程度のタイミングで行われるため、そもそも基礎資料が乏しいこともある。

なお、起訴前鑑定そのものの問題ではないが、起訴前鑑定が実施された場合には、その後、裁判所に対して鑑定請求しても認められない可能性が高い。そうす

ると、起訴前鑑定に対する積極的な働きかけを行い、弁護人の方針に沿う鑑定意見を出すために鑑定人に対して資料等の提供等を行うべき場合もある。

　弁護人は、資料等を提示するかどうかはともかく起訴前鑑定を実施する鑑定医に接触を試みるべきである。面会等に応じてくれる医師もいれば、拒絶する医師もいる。

　面会等に応じてくれた場合には、考えられる精神の障害、精神の障害が犯行に与えた影響の有無や根拠、治療反応性等を確認する。医師に会う前には、その医師の専門分野や論文等を検討しておくことが有益である。その上で、鑑定内容等を生かすのか、それとも鑑定内容等について争う方針にするのか検討することになる。その判断の前提として、他の精神科医の意見を聞くことが必要な場合もある。

　面会等の際には、率直に、鑑定医の見解を尋ねよう。具体的に意見交換をする中で、鑑定人からも一定の理解が得られ、良い鑑定結果につながる可能性がある。また、今後の治療の必要性等を聞くことで社会復帰への道筋に関するヒントをもらえることもある。

　他方、起訴され、鑑定内容を争う場合には、鑑定人に反対尋問をする可能性があるので、弁護人が全ての情報を鑑定人に提供した場合には、不利な点を踏まえた準備をされてしまうし、再鑑定の請求も認められにくい。

　接触を試みて、①鑑定人に資料提供等を行う方向でいくのか、②当事者鑑定を実施することを前提に資料提供等をせずにいくのか、鑑定人の意向等を聴取しながら判断することになろう。なお、接触を拒絶された場合には、それを前提とした対策を検討するしかない。

> **コラム**
>
> ### 鑑定受託者に接触すべきか
>
> 　本文中では、「起訴前鑑定を実施する鑑定医に接触を試みるべきである」とした上、接触の結果も踏まえ、協力的に進めるのかどうかを検討していくとい

う一つの指針が示されている。

　この点、とりわけ捜査段階では、検察主導の鑑定と言うこともあり、（控えめに言っても）弁護人に拒否的な鑑定人も見受けられるところであるし、そもそも捜査段階の常として検察側の手持ち証拠も分からないままでは、弁護人が手の内をみせることには、相対的に危険の方が大きい、と一般的に考えておくべきであろう。なるほど有利な鑑定結果となった場合の利点は計り知れないから、それに賭けるという方針選択も否定はしない。しかし、人選、鑑定手続の全体が検察主導であり、検察との連絡は密である、という現実は重く、常に、公判で弾劾できる余地を残すよう意識することを忘れてはならない。事と次第では、鑑定人に対しても全面的に供述を拒否する助言をする、ということも選択肢である。

　起訴後の本鑑定では、鑑定資料も見当が付いている上に、人選、鑑定手続も全体として主導権を奪われている状況ではないから、上記のような問題がそのまま残されているわけではない。ここでは、本文記載のような両睨みも、事案次第で取り得るであろう。

（金岡繁裕）

4　鑑定留置後

　鑑定留置期間の経過後に、残りの勾留期間で取調べをして、鑑定結果を踏まえて、検察官は起訴・不起訴の処分を決定することは先に述べたとおりである。

　そこで、この残りの約5日間の対応についても、留意する必要がある。

　起訴方向であれば、検察官は、残りの約5日間で起訴に向けて（完全）責任能力を立証するために理解可能な動機に基づく合理的な行動がとられたような供述調書を作成しようとする。そのため、それを踏まえて、取調べに対するアドバイスをしておくべきであろう。

　また、鑑定留置後の取調べの際に、録音・録画が行われることが多いことは前述のとおりであり、この時点では、鑑定中の治療により精神症状が軽快し、犯行時の病状とは全く異なる状態になっている可能性もあり（反対に、拘禁反応や治療がなされない結果、さらに悪化していることもある。）、そのような状

態のみを録音・録画されることは問題がある。

Ⅶ 不起訴を目指すための情状弁護活動

鑑定医の意見が心神喪失であれば当然不起訴になるが、心神耗弱又は完全責任能力という意見の場合でも、検察官は起訴猶予処分にすることもある。

例えば、介護疲れによる殺人未遂事件で被害者が宥恕している場合や、自殺企図による現住建造物放火等の場合で、被害者が宥恕していたり、損害が軽微な場合などに不起訴処分となった事例もある。

通常の弁護活動と同様に、示談や環境整備などの情状弁護活動も十分尽くすことが重要である。特に、治療が必要な場合は、家族の精神障害に対する理解を深めてもらい、釈放後の入・通院等への協力をしてもらう必要もある。

コラム

知的障害者の釈放後の支援等

知的障害のある被疑者・被告人の弁護に際しては、釈放後の福祉支援等の体制を整える活動も必要である。釈放されても、生活基盤を築けず、あるいは、福祉の援助が受けられないまま、罪を繰り返してしまういわゆる累犯障害者となってしまうケースも少なくないからである。

平成18年に法務省が実施した特別調査では、「親族等の受入先がない満期釈放者は約7,200人。うち高齢者又は障害を抱え自立が困難な者は約1,000人。調査対象受刑者27,024人のうち知的障害者又は知的障害が疑われる者が410名、療育手帳所持者は26名。知的障害者又は知的障害が疑われる者のうち犯罪の動機が「困窮・生活苦」であった者は36.8％。」との結果が出ている（もっとも、これは15庁の刑務所に収容された27,024人を調査対象とした特別調査であり、全国に収容された約8万人を調査対象としたものではない。厚生労働科学研究報告書（平成21年）では、受刑者の知能指数に関する「矯正統計年報」データを基に、ＩＱ69以下の者が22.8％とされている）。

これを受け、法務省は、平成21年4月より、厚生労働省と連携して、適当な帰住予定地のない高齢者又は障害者の生活環境調整のための特別調整を実施しており（更生保護法第82条）、その中核となっているのが、厚生労働省の地域生活定着支援事業により各都道府県（平成23年度末には全都道府県）に設置された「地域生活定着支援センター」である。ここでは、矯正施設退所後、直ちに障害者手帳の発給や社会福祉施設への入所などの福祉サービスにつなげる取組が行われており、「出口支援」と呼ばれている。

　さらに、矯正施設退所時に行われる「出口支援」だけでなく、起訴猶予処分ないし執行猶予判決を受けて釈放された後の「入口支援」も、近年は実施されている。長崎、大津、仙台等では、各地方検察庁が地域生活定着支援センターと連携し、福祉的支援へ橋渡しする取組が実施されている。また、東京地方検察庁では、平成25年1月に社会復帰支援室を開設し、非常勤職員として配置された社会福祉士が、支援策の助言、福祉事務所等との事前の連絡調整を行い、場合によっては職員による釈放後の福祉事務所への同行支援も行う。

　このような「入口支援」の場面で、弁護人の関与が求められる場合がある。例えば、地域生活定着支援センターや社会復帰支援室による支援が行われるに際して、検察庁と連携して、釈放後の福祉事務所への同行支援を行うなどである。

　検察庁による支援が期待できない場合には、弁護人が主導的に、支援体制を整えることを検討すべきである。必要な支援は多岐にわたる。生活保護の受給であれば福祉事務所、居住先の確保は各福祉施設、療育手帳の申請は心身障害者福祉センター（18歳未満の場合は児童相談所）、就労支援は障害者就労（就業）支援センター、金銭管理については社会福祉協議会などとの調整が必要となり、要介護認定申請や成年後見・保佐・補助申立を検討しなければならない場合もある。

　このような支援体制の整備については、社会福祉士等の専門家から支援策についての助言・協力を受けてこれを起訴猶予処分や執行猶予判決を求める資料として提出する、あるいは、直接、行政機関や受入先福祉施設との調整を行うなどの活動が考えられる。

（森岡かおり）

Ⅷ　不起訴後の処遇（医療観察、措置入院との関係）

　不起訴の時点で、刑事弁護人としての役割は終了する。ただし、その後、医療観察法に基づく申立てがなされたり、検察官通報により措置入院になることもある。医療観察法の申立てがなされた場合、引き続き付添人として活動することもできる。措置入院の場合でも手続等のことを被疑者や家族らに説明をしておくことで被疑者らの心構えにもつながる。

1　医療観察制度
　検察官は、重大な他害行為（殺人、放火、強盗、強姦、強制わいせつ、傷害）を行い、かつ、心神喪失又は心神耗弱を理由に不起訴とした場合には医療観察の申立てを行う。
　検察官の申立てに基づき、裁判所によって鑑定入院質問がなされ、鑑定入院命令が出される。鑑定入院命令は通常、勾留満期日に出されている。
　そこで、検察官の申立ての時点で、私選の場合は付添人届、国選付添を希望する場合には付添人選任の上申書を裁判所及び弁護士会に提出しておく。なお、国選弁護人であった者は、他の者が国選付添人に選任される前に連絡しておけば国選付添人に指名してもらえるのが一般的である。ただし、複数の弁護人が選任されていた場合でも、付添人として認めてもらえるのは原則一人である。
　鑑定入院命令発令後、対象者は留置施設から病院に移る。鑑定人の所属する病院と鑑定命令による入院先が異なることもあるので注意しよう。
　鑑定入院期間は、原則として当該命令が執行された日から起算して2か月を超えることができない。ただし、裁判所が必要と認めるときは、1か月を超えない範囲で延長決定ができるとされており、最長3か月となる（医療観察法34条3項）。
　付添人となった場合は、記録を検討し、対象者との面会を継続し、鑑定医やそのほか関係者と面会し、環境調整をしたり、カンファレンスで意見を述べるとともに、裁判所に意見書を提出することになる。

付添人は原則としては入院処遇を避けるための活動をすべきである。

もっとも、医療観察法の対象となる者については何らかの医療や社会復帰のための訓練が必要なものも多い。そして、医療観察法が比較的長期間の入院を予定していることもあって、医療保護入院等の措置が妥当と思われることも多い。

しかし、最二小決平成19年7月25日刑集61巻5号563頁は、医療観察法に基づく医療の「必要を認めながら、精神保健福祉法による措置入院等の医療で足りるとして医療観察法四二条一項三号の同法による医療を行わない旨の決定をすることは許されない」としており、注意が必要である。

もっとも、医療観察法では入院処遇が一般的なわけではなく、実際にも「対象者が統合失調症に罹患していて治療反応性はあるが、指定入院医療機関が遠方であり、かえって社会復帰を阻害するおそれがあり、地域の精神科医療の方が社会復帰のためには有用である」、「家族が地域医療を受けさせる環境を整えている」、あるいは「鑑定入院期間中の医療により、病状が改善されるとともに、本人に病識がある程度芽生え、また、家族等の今後の治療継続への協力も期待できる」などとして、地域における精神科医療における入院・通院を活用して、通院処遇ないしこの法律による医療の必要性なしとされた事例など、対象者等の実情を踏まえた審判もだされているという報告もある[*90]。対象者にとって、通院処遇、医療の必要性なしなどの審判が望ましいと考えた場合には、付添人は、帰宅先の準備や通院予定病院への働きかけ、証拠作成に加え、意見書の作成及びカンファレンスでの審判官への訴えかけなど積極的な活動を行なうべきである。

ただし、付添人活動は、入院を避けるための活動しかあり得ないというものとまでは断定できず、対象者の現在の精神障害の状況、家族らの支援の可否、対象者の意向等を検討し、付添人も入院が相当との意見を出すこともあり得る。

---

*90 「精神医療の改善と医療観察法の見直しに関する意見書」平成22年3月18日、日本弁護士連合会。日本弁護士連合会HP。http://www.nichibenren.or.jp/activity/document/opinion/year/2010/100318_6.html

ところで、鑑定入院命令が発せられた後、法による医療を受けさせる必要が明らかにないことが判明したときなど、鑑定入院の必要がないと判断した場合でも、鑑定入院命令取消し請求の理由には当たらず、付添人は鑑定入院取消し請求などはできないが、裁判所は職権で鑑定入院命令を取り消すことができる[*91]ため、付添人は鑑定入院命令取消しについて、裁判所の職権発動を求めることができる。また、鑑定入院中でも、対象者の病状等を考慮して、鑑定人が外出（外泊）許可を出すこともあり、入院中の対象者の症状や家族の受け入れ状況等を確認し、鑑定人に相談することも有益である。

　その後、審判を経て、入院や通院もしくは医療観察法による医療を行わない旨の決定、もしくは、却下決定がなされ、事件は終了となる。

　却下決定には、対象行為を行っていない場合のほか、完全責任能力と判断される場合もある。完全責任能力と判断された場合には、検察官が起訴する場合があり、実際にも、医療観察の申立ての却下決定後に起訴され、裁判員裁判が実施された事例がある。

コラム

鑑定入院命令を争う方法

　医療観察法33条1項本文は、検察官は、「対象行為を行った際の精神障害を改善し、これに伴って同様の行為を行うことなく、社会に復帰することを促進するためにこの法律による医療を受けさせる必要医療の必要」（以下「医療の必要性」という。）が明らかにない場合を除き、申立てをしなければならないと規定し、同法34条1項は、医療の必要性が明らかにない場合を除き、鑑定入院を命じなければならないと規定している。その結果、物質使用(飲酒酩酊等)や急性一過性精神病性障害のように申立て時に精神症状が消失しているため、鑑定入院の必要性がない場合でも、鑑定入院命令が発せられてしまう場合がある。現行法上、鑑定入院命令に対する不服申立て手段は認められていないが、

＊91　最決平成21年8月7日・刑集63巻6号776頁。

最三小決平成21年8月7日刑集63巻6号776頁は、「裁判所は……鑑定入院の必要がないと判断した場合には、職権で鑑定入院命令を取り消すことができ、対象者、保護者又は付添人は、その職権発動を促すことができる」と判示した。したがって、付添人としては、鑑定入院命令の取消しの職権発動を求めていくことになる。なお、前記判断は、鑑定人の意見を踏まえてなされることになるが、必ずしもカンファレンス後でなければならない(高麗邦彦＝芦澤政治編『令状に関する理論と実務Ⅱ』(別冊判例タイムズ35号〔2012年〕69頁[林正彦執筆]参照)とは言えないであろう。

(田岡直博)

2　措置入院

措置入院は、精神保健福祉法29条が定める入院形態の一つである。「ただちに入院させなければ、精神障害のために自身を傷つけ、または他人を害するおそれがある」と2名の精神保健指定医が判断した場合に、都道府県知事または政令指定都市の市長が精神病院等に入院させる制度である。措置入院に不服がある場合には、代理人となり退院請求等を行うことも可能である。措置が解除される場合でも、医療保護入院等となる場合もある。

措置入院は、本人の意思に関係なく、家族らの同意も不要であるものの、家族らに対しては措置入院の制度について説明をしておくことが望ましい。

(前田領・菅野亮)

第5章

公判前整理手続の弁護活動

I　弁護戦略の必要性

　刑事裁判ではケース・セオリーを確立することが重要である[*92]。そのことは責任能力が争われる事件でも同様である（本章では、ケース・セオリー及びその主張・立証計画を立てる際に持つべき視点を「弁護戦略」という。）。したがって、責任能力が争われる事件の公判前整理手続で行うべきことは、ケース・セオリーの確立である。

II　公判前整理手続段階の弁護活動

　公判前整理手続においては、ケース・セオリーを確立するための証拠を集める必要がある。

　弁護人は、被告人や家族からの生活状況や病状等を聴き取り、主治医と面談したり、カルテ等を取得する。さらに、証拠開示請求（類型証拠・主張関連証拠開示）や弁護士会照会等の手段により、責任能力判断に必要な情報収集を行う。

　法律的な問題だけでなく、鑑定人の考え方や鑑定書を理解するためにも鑑定人の過去の論文や問題となる精神疾患に関する医学文献等のリサーチも必要である。

---

* 92　後藤貞人「裁判員裁判の特色と弁護活動の基本」日弁連編『裁判員裁判における弁護活動——その思想と戦略』18頁（日本評論社、2009年）、後藤貞人・河津博史「裁判員裁判におけるケース・セオリー」同書24頁。

その上で、精神科医の意見を聞いたり、精神鑑定の信用性を検討する。

そのようなプロセスで、ケース・セオリーを確立することになる。

特に、責任能力が争点となる事案では、精神鑑定が極めて重要な証拠となる。ケース・セオリーを確立するために、精神鑑定を活かすか殺すかを決定しなければならない。

1 公判前整理手続における弁護方針確定までの流れ

公判前整理手続では、検察官から証明予定事実記載書及び検察官請求証拠が開示される（刑訴法316条の13、同316条の14）。弁護人は、検察官の主張や証拠を検討すると同時に、類型証拠開示請求（刑訴法316条の15）を行い、弁護人の暫定的な主張を検討し、予定主張を明示し、弁護人の証拠調べ請求を行う（刑訴法316条の17）。なお、起訴前に鑑定が行われている事件であれば、弁護方針を確定するのに必要であるから、早期に鑑定書等の証拠の任意開示を求めるべきである。

起訴前鑑定の信用性判断は、鑑定の基礎資料や鑑定人が判断材料にしなかった資料を整理した上で、他の精神科医等に相談することが有益である。

弁護人が、暫定的に責任能力を争う主張を行う場合[*93]、弁護人は、当該主張に関連した証拠に関して、主張関連証拠開示請求（刑訴法316条の20）を行う。専門家による立証が必要な場合、鑑定請求（裁判員法50条）を行う場合もある。証拠開示等により得られた証拠を前提に精神科医に当事者鑑定を依頼することもある。

最終的に責任能力を争う主張を維持するのかどうか起訴前鑑定や当事者鑑定の信用性等を検討した上で判断することになる。

＊93　責任能力を争う予定主張の記載例については、本書199〜204頁のほか、日弁連編「公判前整理手続を活かす〔第2版〕」書式Ⅶ「予定主張明示」（154頁）、書式Ⅷ「証拠調べ請求」（161頁）参照（現代人文社、2011年）、坂根真也・菅野亮「予定主張明示のケース・スタディ」季刊刑事弁護78号（2014年）36頁。

2　証拠開示請求等による証拠収集[*94]

　責任能力を争うかどうかを確定する上で、まず、被告人の犯行時の精神障害や精神症状に関する証拠の開示を受けることが重要である。

　精神鑑定が行われている場合にその開示を求めることは当然であるが、それ以外の証拠開示も必要である。責任能力は、「被告人の犯行当時の病状、犯行前の生活状況、犯行の動機・態様等」[*95]や「被告人の本来の人格傾向と犯行との関連性の程度等」[*96]を総合して判断される。「病状」に関しては、入通院先の病院の診療録や主治医の供述調書等が重要な証拠であり、「生活状況」、「人格傾向」に関しては、被告人の生活状況等を知る関係者の供述調書等が重要な意味を持つ。

　弁護人は、類型証拠開示請求（刑訴法316条の15）及び主張関連証拠開示請求（刑訴法316条の20）を行い、上記に関する証拠開示を受ける必要がある。

　なお、検察官が鑑定書等を証拠請求しない場合でも、初回打合せ等の場で、弁護人が鑑定書等の任意開示を求めれば、任意開示されることが多い（それだけで足りるということではないが早期に鑑定書が検討できる点はメリットであろう。）。

　起訴前鑑定が行われている場合、鑑定受託者にどのような資料が提供されたかも重要であるが、提供した資料のリストを開示してこない検察官もいるのでこの点は粘り強く交渉する必要がある。鑑定書上、どのような証拠で事実認定されたかが必ずしも明確でないことも多い。鑑定受託者に提供された資料の内容及び鑑定書中の事実認定がいかなる資料で行われたかについて確認することが重要である（医師が問診録等を作成している場合は多く、それらの開示が受けられる場合もある。）。

　また、証拠開示の対象とならない捜査側の手持ち証拠ではない資料の収集も必要である。病状に関しても検察官が全ての診療録等を証拠として所持していないこともある。これまでの治療歴を確認し、開示証拠にはない診療録等がな

[*94]　本書162頁のほか、金岡繁裕「責任能力を争う事件での弁護」日弁連編・前掲注92書206頁以下に説例ごとの鑑定資料になりうる証拠資料が整理されており参考となる。
[*95]　最三小決昭和59年7月3日刑集38巻8号2783頁。
[*96]　最一小決平成21年12月8日刑集63巻11号2829頁。

いか確認する必要がある。

勾留中の被疑者の動静・治療状況等は、被告人の犯行時の精神症状を知る上で重要な資料であるが、検察官手持証拠として証拠開示されなければ留置関係簿冊を弁護士法23条照会や公務所照会により取り寄せる必要もある。人格傾向を知る上で、被告人が通っていた学校に弁護士法23条照会により指導要録等の開示を求めたり、生活保護受給者の生活状況等は、ケース記録によって明らかになることもある。

3　予定主張明示

弁護人が入手した情報に加え、検察官請求証拠及び類型証拠開示請求により得られた証拠等を検討し、責任能力を争う方針が決まれば、その旨の予定主張を明示し、併せて必要な証拠請求を行うこととなる（刑訴法316条の17）。

もっとも、予定主張はあくまで暫定的な主張であるから、かかる予定主張を行った後、主張関連証拠開示を行ったり、鑑定請求（裁判員法50条）が却下された結果、当初想定したケース・セオリーが維持できないと判断される場合には、責任能力を争う主張を撤回することもあり得る。

なお、弁護人の手持ちの情報及び証拠が乏しい場合は、予定主張で記載できることは多くない（病歴がない場合、病名を特定できずに何らかの精神障害としか記載できない場合もあり得る。）。

通常、最初に出す予定主張では、被告人が精神障害である事実、その精神障害による具体的な精神症状・程度とそれらの症状の影響により本件事件が生じたことを簡潔に記載する。

検察官がいわゆる7つの着眼点にそった証明予定事実を出してきた場合でも、それにいちいち認否する必要はない。

4　事前カンファレンス

司法研究[*97]で、事前カンファレンスの実施が提唱されている。

＊97　司法研究46頁。

事前カンファレンスとは、裁判官、検察官、弁護人と鑑定人（ないし鑑定受託者）が、当該事件の問題点や尋問事項について意見交換を行うものとされている。

　事前カンファレンスといっても、裁判体によってその意味するところは違っており、これを一律に否定する必要はないと思われる。

　鑑定実施前に、鑑定資料の範囲、鑑定事項及び口頭報告の場合の検査結果等の資料開示方法等を確認したり、鑑定実施後に、尋問方法（プレゼン方式か否か）及び尋問事項の概要等を確認することはあり得よう。特に、起訴前鑑定の場合、責任能力に関する判断も鑑定書中に記載されているので、その点について法廷に顕出しないことの確認をする必要があり、そのような確認作業をカンファレンスで行うことは許されよう。

　もっとも、裁判員法50条3項が公判前整理手続においては「鑑定の手続のうち、鑑定の経過及び結果の報告以外のものを行うことができる」としていることから、鑑定の内容に踏み込むような議論を行うことはできない。[98]公判前整理手続は、公判審理ではなく、争点及び証拠の整理に関する手続である。公判前整理手続において心証形成をして証拠の内容を議論するようなことになれば、公判中心主義は実現できず、裁判員と裁判官の情報格差も著しいものとなり、裁判員裁判の意義も失われることになる。

> コラム
>
> ## 事前カンファレンスの当否
>
> 　刑事訴訟における事前カンファレンスは、裁判員裁判になって提唱された新しい実務運用であり、裁判体によって捉え方も異なるし、法的根拠も曖昧であり、どこまで意味があるか、不相当か、ということは、蓋を開けてみるまで分

＊98　金岡繁裕「責任能力が問題となる裁判員裁判の整理手続及び審理の在り方」自由と正義2009年3月号87頁「手続法上、できないことはできないのであり、鑑定の内容に踏み込まなければ不可能な『事前カンファレンス』は、成立し得ない。裁判員裁判がとにかく波乱なく進むように拘泥する余り、手続を無視し法を無視した制度運営を目指すことは本末転倒である」。

からないところもある。ただ、言えることは、ともすると内容に立ち入ろうとしたり、行きすぎた仕切りをしようとする裁判官が存在し得る、ということであり、弁護人が、その責任において自由に判断し、最も効果的な弁護を構想する上で、障害となり得る、ということである。

　事前カンファレンスの幾つかの"型"と、それへの批判等は、拙稿「裁判員裁判下の刑事精神鑑定」(精神医療66号〔2012年〕38頁)所収)、において整理を試みたが、鑑定の内容に立ち入らない事前カンファレンスは、手っ取り早く便利である、以上の意味はなく、内容に立ち入ってしまう危険を冒してまで敢えて付き合う必要のあるものではないというのが、一つの結論である。

(金岡繁裕)

5　尋問とプレゼン方式

　鑑定内容の立証方法については鑑定人尋問が原則である。鑑定書を朗読しただけでは心証形成ができないばかりか、弁護人のケース・セオリーにとって有利な事実についてもインパクトを残せない。

　プレゼン方式(1問1答ではなく、鑑定人が鑑定書の内容についてパワーポイント等を利用して話をする方式)が分かりやすいかどうかは、その内容次第である。医師によっては、争点に関係のない診断学に関する歴史的沿革を丁寧に論じる一方、問題となっている症状がどのような意味で犯行に影響を与えたのかという点に関しては、説明がないこともある。いずれにせよ当事者の適切なコントロールが必要であろう。

6　説明概念

　責任能力は難解な法律概念であり、公判前整理手続において、裁判員に対する説明の在り方をめぐって協議されることもある。

　司法研究では、例えば統合失調症の影響を理由として責任能力が争われる場合、「例えば、犯行が妄想に直接支配されていたか否かが責任能力の判断のポイントとなる事案では、端的に、『精神障害のためにその犯罪を犯したのか、もともとの人格に基づく判断によって犯したのか』という視点から検討するの

が裁判員にとって理解しやすいのではないかと思われる」ので、「『統合失調症の圧倒的な影響によって犯したもので、もともとの人格に基づく判断によって犯したと評価できない場合か』（心神喪失）、『統合失調症の影響を著しく受けたといえるが、なお、もともとの人格に基づく判断によって犯したといえる部分も残っていると評価できる場合か』（心神耗弱）、『統合失調症の影響があったとしても著しいものではなく、もともとの人格に基づく判断によって犯したと評価することができる場合か』（完全責任能力）という形で判断の対象を示すのが適当ではなかろうか」としている[99]。

　そのような説明が当該事案で分かりやすい説明であり、弁護方針にとっても有益であれば、上記説明概念を利用することはあり得る。他方、長期間にわたり、統合失調症に罹患した被告人であれば、陰性症状により人格が荒廃し、犯行に影響したのは妄想というより、易怒性・衝動性などの統合失調症全般の影響であることもある。また、「もともとの人格」というものが何を意味するのか理解が困難な場合もあろう。

　結局、事例ごとの判断になるが、責任能力の基本は、確立した最高裁判例にあるとおり、弁識能力又は制御能力の問題であるから、そのような視点を忘れてはならない[100]。

　また、裁判所の説明案では、責任能力に関する立証責任が検察官にあることをあまり意識していない例もあるので、責任能力に関する立証責任が検察官にあることを説明例に入れ込むことを求めるべきである。

---

* 99　司法研究36頁。日弁連において実際の判決書を分析したところ、統合失調症の場合でも必ずしも司法研究の推奨する説明概念を（少なくとも判決書には）使っておらず、事理弁識能力や行動制御能力という観点から判断されているものが多い。

* 100　説明概念の問題点については、田岡直博＝菅野亮「責任能力が問題となる裁判員裁判の弁護戦略（2）」自由と正義2012年12月号84頁参照。

Ⅲ　弁護方針の検討

1　起訴前鑑定がない場合

(1)　鑑定請求を行うか

　起訴前鑑定がない場合、責任能力を争うためには、何らかの方法により被告人に精神障害があり、その影響により是非弁識能力又は制御能力がないことを立証する必要がある。

　入通院歴等に関する資料を書証として請求したり[*101]、主治医を証人として申請することもあり得る。それ以外に、鑑定請求を行うことや、弁護人から精神科医に鑑定を依頼して当事者鑑定を実施し、当該精神科医を証人申請することも考えられる。

　起訴前鑑定がなされていないケースで、入通院歴等があり、犯行時に精神症状が存在し犯行動機も了解困難である等の事案では、裁判所が従来よりやや幅広に鑑定を採用する傾向があるので鑑定請求を行うことも検討する必要がある[*102]。

　鑑定において弁護人の主張が裏付けられれば、決定的な証拠になり得る。他方、鑑定人の意見が精神障害を否定したり、完全責任能力を裏付けるものとなる可能性もあり、主治医等による立証とどちらがより有利か慎重に検討する必要がある。

　鑑定請求が認められたものの、鑑定結果が弁護人の主張に反する場合には、鑑定を検討し、問題があれば、反対尋問で信用性を弾劾したり、他の客観的な証拠で鑑定の前提を争ったり、他の精神科医の意見書等で反証を行う必要がある。反証が困難な場合、鑑定結果に反する当初のケース・セオリーを維持するかどうか検討しなければならない。

---

* 101　膨大な診療録をそのまま証拠請求するのではなく、必要なエッセンスをまとめて朗読により理解可能な書証とする必要がある。また難しい精神医学上の用語については、医師から分かりやすく解説してもらうことも必要であろう。

* 102　笹野明義「複雑困難事件における問題（その3）」判例タイムズ1319号55頁。

なお、裁判所が実施する鑑定においては責任能力に関する直接的な意見は記載されない[103]。ただし、「精神障害が犯行に与えた影響の有無・程度」という鑑定事項があるので、この点に関する鑑定意見を十分に検討し、ケース・セオリーを確定することになる。

(2) 当事者鑑定による立証の留意点

当事者鑑定による立証を行う場合は、現在の拘置所等の運用では精神科医の問診も一般面会扱いにされることが多い。問診時間が限られる上、心理検査等が十分にできないという問題点もある。臨床診断が問題となるような事例では、上記の制約が特に鑑定人との比較で不利に評価されることが多い[104]。主治医が当事者鑑定を実施する場合は、鑑定人に比して中立性に疑問を持たれる場合がある。もっとも、長らく治療に当たっていた主治医の記録してきた精神症状に関するエピソードや「診断」については、高い証拠価値がある（主治医等はもともと司法精神医学的な知識がないことも多く、責任能力に関する意見まで述べてもらうかどうかは慎重に検討する必要がある。）。

弁護人は、自己の主張を裏付ける鑑定や当事者鑑定の結果を踏まえて弁護方針を確定することになる。いずれの鑑定でも不利な結果であった場合には、主張や立証方針の再考が必要となる。

2 起訴前鑑定を争うか

起訴前鑑定が実施されている事件では、証拠資料が集まった時点で、起訴前鑑定を争うのかどうかを検討する必要がある。弁護人だけで方針を確定するのではなく、集めた証拠資料を前提に、起訴前鑑定に問題があるのか、他の精神科医にセカンドオピニオンを求めることが望ましい。

---

* 103　参考意見としてではあるが、鑑定人の事理弁識能力及び行動制御能力に関する意見が詳細に述べられる鑑定書もある。
* 104　鑑定経験等がない主治医の場合、弁護人から鑑定に関する留意点や裁判官が問題にする事項を伝える必要がある。

コラム

心神耗弱を主張すべきか

　心神喪失が主張できる場合には、有罪無罪の判断に直結することから、これを主張することを躊躇する必要はない。しかし、弁護人の主張がそもそも心神耗弱にとどまる場合には、これを主張するかどうかにつき、慎重な検討を要する。というのは、（死刑や無期懲役が求刑される事例を除き）裁判所は心神耗弱を量刑要素の一つという程度にしか考えておらず、心神耗弱が認定されても、それほど刑の減軽は期待できないからである。例えば、東京地判平成22年12月2日は、被害者1名の殺人事件であるが、被告人が妄想性障害により心神耗弱の状態であったことにつき争いがなかったにもかかわらず、判決は無期懲役を選択の上、法定減軽により懲役18年に処している。他方で、完全責任能力であっても、精神障害の程度及び精神障害が犯行に与えた影響の程度によっては、大きく減軽されることがある。例えば、東京高判平成25年11月15日は、完全責任能力ではあるが、うつ病が本件犯行の動機形成に与えた影響は大きかったとして、懲役5年に処した第一審判決を破棄し、懲役3年に減軽している。また、起訴前鑑定の信用性を争って再鑑定を請求する場合、再鑑定の採否の判断自体に時間がかかる上、仮に再鑑定が採用されても再鑑定の実施に時間がかかることから、審理期間が長引くことは避けられない。さらに、心神耗弱が認定されると、医療観察法に基づく入院又は通院処遇の申立てがなされるから、身体拘束が長引くおそれがある。それゆえ、仮に執行猶予が見込める事案であれば、あえて起訴前鑑定を争わず、完全責任能力を前提として、精神障害及び判決後の受入態勢等を量刑要素として主張することにより、執行猶予を求める戦略もあり得る。

（田岡直博）

また、起訴前鑑定を争う場合にも、何を争うのか意識する必要がある。例えば、①精神症状に関するエピソードの存在を考慮していなかったり、前提事実に誤認があることで争うのか、②診断名について争うのか、③精神障害の重症度について争うのか、④精神障害が与えた影響の有無・程度といった評価的な部分を争うのかによって、立証方針は変わり得る（上記は相互に関連するので、結局は総合的に争うことになることも多い。）。

(1) 起訴前鑑定を争わない場合

　専門家のセカンドオピニオン等を得た上で、起訴前鑑定に問題がないと判断されれば、それを前提とした弁護方針が選択される。起訴前鑑定を争うか否かは専門家の意見も参考にしながら、被告人の犯行時の精神障害の内容、犯行時の症状・生活状況、動機の了解可能性、平素の人格との異質性や犯行態様を総合的に考慮して決めることになる。もっとも、事案が重大で、死刑求刑が予想されるような事件であれば、再鑑定請求を行う必要性は高い。

　起訴前鑑定が、心神耗弱ないし心神喪失を示唆する鑑定で、弁護人の主張の根拠となる場合、鑑定の前提事実に誤認がある等の理由で鑑定の信用性が弾劾されないようにフォローする必要がある。また、心神耗弱とまではいかなくとも、精神障害が犯行に影響を与え、犯行に至る経緯等を併せてその点が有利な量刑事情だと判断される場合には、鑑定結果を証拠請求することになる。この場合、鑑定は情状鑑定的な意味をもつが、精神障害の有無や犯行に与えた影響だけでなく、精神障害を有する被告人のこれまで支援等の状況や特にパーソ

---

*105　岡田幸之「責任能力判断の構造」論究ジュリスト2号（2012年）103頁　医学的診断から責任能力判断に至る構造を8段階に整理しているが、弁護人としても、どの階層を争うのか意識する必要があろう。「①精神機能や精神症状に関する情報の収集、②精神機能や精神症状（健常部分を含む）の認定、③疾病判断、④精神機能、症状（健常部分を含む）と事件の関連性、⑤善悪の判断や行動の制御への焦点化、⑥法的な弁識・制御能力としての特定、⑦弁識・制御能力の程度の評価、⑧法的な結論」。
*106　五十嵐禎人編『刑事精神鑑定の全て』（中山書店、2008年）15頁。法的分類では、完全責任能力だが、鑑定における精神医学的分類では、著しくはないが障害されていたレベルと障害されていないレベルと分類して判定することが推奨されている。

ナリティ障害の場合であれば障害を有するに至る経緯等[107]もあわせて主張・立証する必要がある。

精神障害の影響はあるが、有利な量刑事情として刑が減軽される理由が説得的に提示できない場合には、当該精神障害の存在や事件への影響について有利な事情として主張・立証しない選択もあり得る。[108][109]飲酒酩酊や違法薬物摂取による精神障害の場合、心神耗弱に至らない程度の障害は、必ずしも量刑上有利に評価されない。

なお、起訴前鑑定を争わない場合でも、裁判員に精神障害及びその症状を理解してもらうため、鑑定受託者の尋問を求め、分かりやすく説明をしてもらう必要がある。また、精神障害の影響で一般の人と同じような反省の態度等が示せない被告人については、精神障害の影響等により、そのような言動をとることを立証し、反省してない等との評価を受けないようにする必要もある。

(2) 起訴前鑑定を争う場合

起訴前鑑定を争う場合は、どの点をどのように争うか明確に意識する必要がある。

精神鑑定については、最高裁[110]は「生物学的要素である精神障害の有無及び程度並びにこれが心理学的要素に与えた影響の有無及び程度については、その診断が臨床精神医学の本分であることにかんがみれば、専門家たる精神医学者の意見が鑑定等として証拠となっている場合には、鑑定人の公正さや能力に疑いが生じたり、鑑定の前提条件に問題があったりするなど、これを採用し得な

---

*107 千葉地判平成22年9月7日「本件殺人に至る経緯及び被告人の情緒不安定性パーソナリティ障害のいずれにも被害者が一定の責任を有する本件においては、これらの事情は、刑の重さを決める上で、ある程度酌むべき事情といえる」。

*108 大阪刑事実務研究会編『量刑実務体系2』(判例タイムズ社、2011年)234頁[浅見健次郎]。交通事犯以外で飲酒の下での犯行が行われた場合「様々形態があり、酩酊していたことが重く働くこともあれば、軽く働くこともあり、量刑の因子として両面があるといえる」。

*109 千葉地判平成23年3月10日弁護人が泥酔状態で行動制御能力が弱まっていた点を有利に考慮すべきと主張した事案で、次のように判示した。「被告人が本件に及んだことに飲酒の影響がないとはいえないが、その程度は軽度にとどまり、この点を、被告人の犯行の突発性や犯罪傾向とは別に、取り立てて評価するべきとも考えられない」。

*110 最二小判平成20年4月25日刑集62巻5号1559頁。

い合理的な事情が認められるのでない限り、その意見を十分に尊重して認定すべき」と判断している。

相互に関連するものではあるが、①前提事実を争う場合、②診断名を争う場合、③精神障害の重症度について争う場合、④鑑定人の責任能力判断そのものであったり、精神障害が与えた影響の有無・程度といった評価的な部分を争う場合等が考えられる。

①前提事実を争う場合であれば、前提事実そのものを他の証拠で立証することや前提事実が変わった場合に、責任能力判断に影響を与えるという点がきちんと立証されなければならない。

前提事実以外を争う場合は、前掲最判によれば当該鑑定を「採用し得ない合理的な事情が認められるのでない限り、その意見を十分に尊重」されるので、やはり、鑑定人以外の専門家の意見により鑑定を採用しえない合理的な事情を立証することが必要な場合が多いと思われる。

なお、②診断名を争う場合も、診断名が変わると、責任能力判断においてどのような違いがあるのかという点も踏まえた主張・立証が必要となる。④鑑定人の責任能力判断そのものであったり、精神障害が与えた影響の有無・程度といった評価的な部分について争う場合は、「動機の了解不能性」や「人格の異質性」を基礎付ける事実を可能な限り立証し、鑑定人の評価を争うことが必要であるが、そもそも、鑑定人は責任能力判断については専門家ではないので法廷で責任能力に関する直接的な意見を述べさせないことが相当である。

⑶ 再鑑定請求と当事者鑑定のどちらを選択するか

起訴前鑑定を争う場合、どの点を争うにしても、弁護人の主張を裏付ける専門家の意見があるほうが説得的な主張となる。そこで、裁判所に対して鑑定請求を行うか、当事者鑑定を実施し、鑑定を依頼した医師の証人尋問を請求することが考えられる。

鑑定請求と当事者鑑定は、一長一短であり、最終的には、事案に応じて、選択されるものである。

弁護人が裁判員法50条鑑定を請求した場合、司法研究の影響もあり、ほと

んど再鑑定が認められなかったが、最近は、裁判所の態度も若干変わったようである[*111]。ハードルは高いが、再鑑定の必要性に関する具体的な主張が認められた場合には再鑑定が認められる余地はある。

　鑑定請求が認められる場合は、鑑定人の立場の中立性や鑑定人が必要な問診・検査等を十分に行うことができるため、その意見の信用性が高い。その反面、鑑定結果は鑑定が終わるまで予測が困難な面があり、弁護方針が立てにくいという問題点がある。心神耗弱を示唆する起訴前鑑定を争って、完全責任能力を示唆する鑑定結果が出ることもあり得るので、必ずしも有利な結果がでるとは限らない。また、若干その態度は緩和したといえ、裁判所は、依然として原則として複数鑑定を回避する姿勢であり[*112]、再鑑定をなかなか認めないという問題もある。

　当事者鑑定は、有利な鑑定結果が出たときだけ証拠請求するので、弁護方針を立てやすいが、前述のとおり、拘置所等が一般面会扱いすることが多いので問診時間も限られ、心理検査等も十分行うことができない。

　したがって、これらの現状を踏まえて、起訴前鑑定のどの点を争うかも意識した上で選択することになる。

　診断名を争う場合であれば、問診や検査を十分にできる再鑑定のほうが、一般論としては当事者鑑定よりも信頼性が高く評価されることが多いと思われる。主治医以外の医師が、診療録等の記録と短い問診で、鑑定受託者と診断に関して争うことは困難な場合が多いように思われる。

　診断名は争わず、具体的なエピソードがあったと仮定した場合（その事実自体は他の証拠による立証も行う。）、重症度の判定や犯行への影響の程度が変わ

＊111 「裁判員裁判の現状と課題」論究ジュリスト（2012年夏号）17頁・栃木力裁判官の発言「別の鑑定が出たときに、実際にそういう事件もあるのですが、裁判員の理解が本当に困難であったかというと、意外と当初懸念していたほどでもなかった。むしろ、両者の主張を聞き比べることが出来たので、判断しやすかった、というような感想を言っていた経験者もいるので、いまは当初考えていたよりは、かなり柔軟に対応するようになったと思います」。
＊112 複数鑑定回避の問題については、金岡繁裕「責任能力が問題となる裁判員裁判の整理手続及び審理の在り方」自由と正義2009年3月号78頁、田岡直博「裁判員裁判と鑑定」刑事法ジャーナル20号（2009年）42頁、菅野亮「公判前整理手続における鑑定」自由と正義2010年8月号57頁参照。

るといった争いをするのであれば、当事者鑑定のほうがピンポイントで立証ができるし、弁護人が鑑定資料を十分に提供すれば、起訴前鑑定が前提にしていない重要な事実を踏まえた鑑定意見となり、起訴前鑑定以上に当事者鑑定の信用性を高めることができる場合もある。

争うポイントや、再鑑定が認められるか否かといった現実的な状況を考慮しつつ、再鑑定請求を行うか、当事者鑑定を行うかについて選択することになる。

その上で、有利な鑑定意見が出た場合には、その有利な鑑定意見を踏まえたケース・セオリーとなる。不利な鑑定意見しかない場合には、弁護人の主張を再検討することになるが、有利な鑑定意見がなくとも、起訴前鑑定を争うこともある。もっとも、責任能力を争い、その主張が排斥される場合には、詐病であるとか、反省がないとして、量刑上不利に考慮される場合もある。量刑上不利に評価されないよう説得的な主張・立証であるかを検討する必要がある。

(菅野　亮)

コラム

訴訟能力の意義

訴訟能力を争う(若しくはその可能性がある)弁護活動は責任能力を争う場合との弁護活動と基本的に大きく変わることはない。その上で、以下の判例で示された訴訟能力の定義をきちんと意識し、被告人が重要な利害を弁別し、相当な防御が出来る能力があるか否かに関する事実を収集してそれを裁判所に提示しなければならない。なお、判例は訴訟能力について「被告人としての重要な利害を弁別し、それに従って相当な防御をすることのできる能力を欠く状態」(最三小決平7年2月28日刑集49巻2号481頁)であるとしている。そして、「弁護人及び通訳人からの適切な援助を受け、かつ、裁判所が後見的役割を果たすことにより、これらの能力をなお保持している」場合には訴訟能力があると判示している(最一小決平10年3月12日刑集52巻2号17頁)。

(佐藤隆太)

> コラム

公判停止が認められた後の活動

　訴訟能力を争い、医師の意見を聴いて、「心神喪失の状態」にあることが認められると、公判手続が停止されることになる（刑事訴訟法314条1項）。多くの場合には、その後に検察官から公訴取消しの申立てがあり（同法257条）、公訴棄却の決定がなされることになる（同法339条3号）。しかし、例外的に訴訟能力を回復する見込みがあるとして、検察官が公訴取消しを申し立てないことがある。その結果、しばしば公判停止による勾留が長期間におよび、被告人が留置施設内で自殺した事例が報道されている。このような場合、弁護人としては勾留取消しを検討すべきであるが（同法87条1項。なお、「勾留による拘禁が不当に長くなつた」ことを理由とする勾留取消しにつき、同法91条1項参照）、裁判例の中には、更に踏み込んで、公訴取消しの申立てがないのに、同法314条1項ただし書、同法338条4号により、公訴棄却の判決をしたものがある（名古屋地岡崎支判平成26年3月20日判例時報222号130頁。）。いずれにしても、訴訟能力を欠くことが直ちに釈放を意味しない以上、弁護人としては、訴訟能力を争うだけでなく、勾留取消し及び公訴棄却に向けた活動が求められる。

（田岡直博）

第6章

私的鑑定の活用

I 私的鑑定はどのような点で弁護活動に有益か

1 私的鑑定とは

　鑑定は専門家の知見を得て証拠化する営みであるから、これに倣い私的鑑定を大まかに定義するならば、弁護人が独自に専門家の協力を得て、その知見を証拠化するという程の意味になろうか。私的鑑定の実践として、おそらく一般的な受け止め方としては、弁護側で独自に責任能力鑑定を実施し、これを証拠請求して責任能力を争うようなものが想定されていよう。

　しかし、私的鑑定の有益性を論じる上で重要なのは、責任能力鑑定を実施することだけに意味があるわけではなく、専門家の助力を得て事案の解明に資する様々な事情を発見すること、それらの事情を環境調整等の足がかりとすること、専門家による被疑者・被告人へ働きかけを行うことといった諸点にも、同程度かそれ以上の重要性があるという点である。

　私的鑑定には以上のような複合的な要素があり、敢えて整理を試みると、

① 犯行動機や犯行経緯を心理学的に解明すること
② 被疑者・被告人に精神医学的診断を与え、事件当時の精神状態を解明すること
③ 心理カウンセリングなどを通じ被疑者・被告人の自覚を促すこと
④ 被疑者・被告人の社会復帰に望ましい環境の有り様を論じること

等と言える。その目的に応じ、起用すべき専門家も、精神科医、臨床心理士その他の心理専門職、カウンセラーなどが想定され、それら専門家の聴き取り能力、調査能力にも自ずから独自性が期待できる。

以下、これらを敷衍するが、本稿執筆に当たり、これまで私的鑑定に御協力頂いてきた諸専門家から寄稿を頂いたので、併せて読んで頂きたい（148頁以下）。

2　犯行動機や犯行経緯を心理学的に解明すること（①）

　死刑求刑が予想されるような重大案件、特殊な性的嗜癖が介在していると疑われる性犯罪、繰り返し服役しても敢行される（傍目に割に合わないと思われる）軽微な常習案件の類では、しばしば心理学者等を起用し、その背景にある事情を掘り下げていくことが試みられる（このような試みの専門性、意義については、長谷川博一「臨床心理士が私的鑑定に関わる意義」（本書153頁）、谷本惠美「DV関連の刑事裁判の現状と課題」（本書160頁）において詳しく説明されている。）。精神鑑定や、狭い意味での情状鑑定と区別し、敢えて「犯罪心理鑑定」と呼称されることもある。

　特異な人格的傾向が発見され、そこから更に被虐待歴等の生い立ちの問題に遡っていくこともある。このような問題を発見することは、そのような問題性への対処方法を論じる上で有益であり、対処方法が見出される場合、③や④の要素と複合的に組み合わされた鑑定作業となろう。鑑定過程で、発達障害や知的障害と言った、発達上の精神医学的問題が発見され、②の要素に発展していくことも無論、あり得る。

　敢えて強調するならば、このような掘り下げ、発見過程は、取調官や弁護士の聴取り能力では限界があるという点である。ともすれば自身の常識に基づき決めつけて質問しがちな、これら職種と異なり、本人の心理に立ち入ることのできる心理専門職の聴取り能力には端倪すべからざるものがあるし、法律専門職の型に嵌めようとする傾向は、しばしば事案の解明を妨げる危険もある（この点、髙田知二「私的精神鑑定の意義と限界」（本書148頁）において、詳しく指摘されている。同3項は、精神医学的面接の技術を身につけていない弁護士は、その常識に基づき無意識的に問題点を見過ごす危険が指摘され、精神医学的面接の代替不可能性を強調する。）。特異な心理的問題が介在するのではないかと疑われるなら、心理専門職に聴取りを委ねてみるのも、私的鑑定の重

要な機能である。

3 被疑者・被告人に精神医学的診断を与え、事件当時の精神状態を解明すること（②）

　これは、典型的な精神鑑定と言える（現在の精神状態の解明という訴訟能力鑑定も、その一種であるが、本稿では立ち入らない。）。

　弁護人が、弁護人なりの問題意識を持って精神科医等の専門家を起用し、自ら精神医学上の調査を行うことは元より有益である。捜査機関の実施する簡易鑑定や起訴前鑑定は、適正手続が担保されているとは到底言えない上に、現実の問題としても人選上の問題や鑑定資料の偏りから誤った結果になることは珍しいことではない。鑑定資料や視点が違えば帰結も自ずから異なるというものであり、弁護人が独自に事案の真相解明を目指すことは当事者主義の下ではむしろ当然の営みなのである。

　なお、後述の通り、私的鑑定の信用性を確保するための工夫はいろいろと考えられるが、同時に一定の限界があることも事実である。限界を見据え、私的鑑定を、本鑑定請求の足がかりとすることもあり得る。

4 心理カウンセリングなどを通じ被疑者・被告人の自覚を促すこと（③）

　精神医学上は病識を持たせるという言い方になるが、より広く、その考え方や性向に問題があることを指摘し、その解決方法に一緒に取り組むことも、私的鑑定の重要な機能である。薬物事案や性犯罪では認知行動療法の有用性が言われるが、それを弁護人が専門家とともに実施してすることも一局面である。

　所詮は一刑事事件で被疑者・被告人の問題性を全面解決することなど不可能であるが、きっかけを作り、その後の治療に繋げられれば、事案の解決としても妥当性があり（このような更生まで視野に入れた弁護活動の重要性は、前掲・長谷川、前掲・谷本がそれぞれ強調しているとおりである。そして、そこには専門家の助力が不可欠である。）、善情状としても適切に評価されることが期待できる。④の要素とあわせ、「情状鑑定」と呼ばれることもある。

5 被疑者・被告人の社会復帰に望ましい環境の有り様を論じること（④）

上記③が、被疑者・被告人の自助のみに委ねられるようであれば成功はおぼつかない。最終的に円滑な社会復帰を目指す以上、環境調整を行う必要があり、どのような環境を調整すべきかについて、専門職の助言を得て、弁護人が提案し、周囲の関係者を巻き込んでいくものである。

多くは家族であろうが、通院先の確保や、福祉の現場に繋ぐこともあり得る。何れにせよ、その問題性に応じた環境調整が弁護活動上、有用であることは論を待たず、それは専門家の意見、助力なくしては実現し得ないのである。このような活用もまた、「情状鑑定」と呼ばれる範疇であろう。

Ⅱ 私的鑑定の実践上の注意点

1 信用性を確保する上で重要な視点（最二小判平成20年4月25日）

⑴ 事実認定の基礎となる鑑定の指標

周知の通り、最二小判平成20年4月25日刑集62巻5号1559頁は、「生物学的要素である精神障害の有無及び程度並びにこれが心理学的要素に与えた影響の有無及び程度については、その診断が臨床精神医学の本分であることにかんがみれば、専門家たる精神医学者の意見が鑑定等として証拠となっている場合には、鑑定人の公正さや能力に疑いが生じたり、鑑定の前提条件に問題があったりするなど、これを採用し得ない合理的な事情が認められるのでない限り、その意見を十分に尊重して認定すべきもの」と判示し、いかなる鑑定が事実認定の基礎とされるべきかについて指標を示している。

詳細は別稿に委ねるが、診断のみならず、精神症状が心理学的機序に及ぼした影響についても、鑑定人の公正、能力が担保され、かつ、鑑定の前提条件が保たれている限り、当該鑑定が尊重されるということである。

⑵ 適切な鑑定の前提条件

鑑定の前提条件とは、より細分化すれば、適切な鑑定資料により、適切な前提事実が踏まえられているか否か、ということになる。この前提条件を欠けば、

その一点をもって鑑定は信用性を失い、私的鑑定に依拠した立証は失敗する。それだけに万全の意を用いるべき要素である。

　ア）例えば被疑者・被告人の病歴、診断歴を無視していたり、事件当時の状況につき客観証拠を無視することは論外である。後者については、証拠の見方、適切な事実認定について、弁護人が鑑定人に適切な助言を行わなければならず、丸投げでは良い結果は望めない。

　イ）事件当時の状況についての事実認定に関し、被疑者・被告人の捜査供述や目撃者の目撃供述といった主観的な証拠については、弾劾の余地を含め、鑑定中でどう扱うか、事案ごとの検討を要する。また手続段階によってはこれら資料が弁護人の手元にない場合もあり、難しい問題を孕む。

　ウ）被疑者・被告人の状態や説明内容そのものについても、往々にして弁護人が私的鑑定に着手するのが事件時よりは相当遅れるため、被疑者・被告人の精神状態が事件時と乖離している場合は適切な鑑定資料を得られるかに問題が生じる。加えて、刑事施設に収容されている場合に一私人である弁護人側の専門家が十分な面談（問診）を確保できるかという問題もある（前掲・高田、前掲・長谷川は、ともに豊富な鑑定経験から、私的鑑定環境の改善を訴え、裁判所の命令による鑑定における鑑定環境との乖離を強調している。）。

(3) その他

病歴、診断歴の調査や、捜査側の手持ち証拠の入手については別稿に委ね、以下では、前提事実に関し弁護人が自覚的に助言すべき問題点と、刑事施設に収容されている場合に一私人である弁護人側の専門家が十分な面談（問診）を確保できるかという問題とを取り上げて検討する。

2　前提事実に関し弁護人が自覚的に助言すべき問題について

(1) 鑑定資料について

弁護人が争いたいと考えている証拠資料であっても、鑑定資料に加えないことは、そのこと自体が弾劾の対象となりかねないため、原則的には全資料を提

供した上、争いのある部分については鑑定人に説明し、まずはその争い部分が鑑定の結論を左右するか、検討してもらうべきであろう。

典型的には、任意性や信用性を争うべき依頼者の供述録取書等が挙げられるが、場合によっては、客観的に認められる精神状態から見て、そのような供述になるはずがないという鑑定意見を得られる可能性もある。

争いのある目撃供述にしても、争いの帰結が鑑定結果を左右しないならそれを明示すればよく、左右するのであれば(例えば、犯行直後の言動によって精神状態の認定が左右されると言うことはあり得る。)、場合分けするべきか、あるいは、医師の依頼者に対する聞取りにゆだねるべきか、それは事案によりけりと思われる。

以上、重要なことは、鑑定資料を細かく操作するよりも、医師と共同して、なにが鑑定に影響を与え、与えないかを議論し、精神医学的な知見で解決するならばそれも積極的に鑑定の中で処理していく姿勢である。

(2) 弁護人独自の鑑定資料の取扱い

以上のことは、弁護人独自の鑑定資料についても同様である。親族からの聴取りなどの主観的な資料であっても、鑑定に資する以上は、後々の立証のことは別にして提供して良いと考える（ただし、それが重要であればあるほど、きちんと立証しなければ将来的に鑑定が前提を失うことを自覚し、弁護人が見通しを持って行うべきことではある。）。

(3) 工夫する点

このように、鑑定資料、前提事実について、弁護人が自覚的に助言すべきことは十分に認識されるべきである。無用な紛争を避けるため、鑑定依頼書に鑑定資料目録を調整して添付するくらいの工夫が望まれる。

3 刑事収容施設における弁護人側の専門家の面会問題について

(1) 問診の重要性

多くの事案では、やはり依頼者からの問診が重要になる。中には、診断面は余り争いがなく、ゆえに、診断面を支える資料を前提に、精神病理的な考察の

みを求める類の鑑定もあるが、それとても依頼者からの問診を全く抜きに完成させることには若干の危険があろう。
　(2)　問診をどのように実現するか
　そこで、いかにして依頼者からの問診を実現させるかということが問題となる（なお、心理学的検査を要求される事案では、ここに、心理学的検査の実施も加わる。）。
　　ア）実務的に、刑事収容施設においては私的鑑定の鑑定人は純然たる一般人として扱われ、依頼者との面談は一般面会になる。一般面会である以上、時間制限、立会い、アクリル板といった、身体拘束下にない事案での診察室における問診とは異質の状態で実施することを余儀なくされる。
　　イ）このような異質の状態は、捜査機関の鑑定が、場合によっては診察室まで連行して行われ、そうでなくても刑事収容施設の取調室を利用して上記制限なしに行われることとの対比で、非常に問題が大きい。
　　　　現状で行われている工夫は、面会条件に関し所長裁量の発動を直接申し入れる方法、裁判所を通じて私的鑑定への便宜的な取り計らいを促す方法（これも最終的には所長裁量の発動の問題になると解される。）程度であるが、時代ごとに違いはあるものの、前者の方法でも時間制限をある程度緩和するくらいは可能なことがあり、後者の方法では、往時は上記制限の全てが無制限となって私的鑑定を実施できたことも多かった。現在、後者の方法については、矯正当局では個々的な対応を行う方針のようであり、したがって、裁判所に対し私的鑑定による弁護活動の必要性を説明し、口添えを求めるのが現実的な方法といえよう（この当たりの歴史的経緯、実務的現状は、拙稿「刑事施設における弁護側専門家の面会等について」『現代の刑事弁護』第2巻（第一法規、2013年）所収に詳しい。）。
　　ウ）心理検査に必要な鉛筆、積み木類、用紙といった用具については、やはり刑事収容施設ごとに個々的な対応をされるようだが、円滑に差し入れ、宅下げて検査に活用している事例があることは複数、報告されている（前掲・長谷川は、この点での貴重な実践例の集積と言うことができる。）。

4　器質的診断ができないなどの限界点

なお、以上のような方策を尽くしても、私的鑑定では、画像診断等は不可能である。精神病の診断には、器質的障害を除外する診断が必要になるが、その点は留保せざるを得ない場合もある。近時の科学技術の発達により、脳の画像を得たり、脳血流の状態を把握するなどの方法論もあるが、こういったことが必要になるなら、私的鑑定でそのような問題を指摘しつつ、本鑑定への足がかりとするとか、その点だけ本鑑定を求めるといった工夫が必要となる。

しかし、逆に言えば、そのような問題点に自覚的に対処すれば、私的鑑定の証拠価値が本鑑定の証拠価値に質的に劣る、とまで言われる筋合いはない。弁護側の主張を支え、合理的疑いを投げかける位であれば、十分に立証の柱とすることができる。

Ⅲ　私的鑑定の法的諸問題

1　証拠能力

私的鑑定であれ、専門的知見を有する有識者が実施する以上は、犯罪心理鑑定や情状鑑定を含め、鑑定書として証拠能力が認められる。不同意であれば、法321条4項書面として伝聞例外の採用を求める。

2　必要性——複数鑑定回避論

一時期、裁判員の理解の妨げになるなどとして、原則的に鑑定を一本化する動きが裁判所を中心に見られたところである。いわゆる複数鑑定回避論であるが、複数鑑定の方が理解に資するという意見は裁判所側からも見られるようになり、複数であることの一事をもって必要性が排斥されるようなことは余り懸念しなくてよいと思われる。

そうすると勢い、本稿Ⅱのような証拠価値を高める工夫をすることで、特に精神鑑定の必要性は維持できよう。

3　情状鑑定の必要性

　精神鑑定に対し、情状鑑定は、多くの場合、検察官から不必要意見が述べられる。犯罪の社会的類型や、罪体中心の量刑枠組みからすると、犯行に至る背景事情や、将来予測は、その余の量刑要素としか位置付けられず、その程度の量刑要素に対し時間をかけて複雑な審理を行うことに拒否的な力学が働いているのかもしれない。

　しかしながら、第一に、罪体の事実認定なり社会的類型の認定に当たっても、動機や犯意の強さに関わる犯行に至る背景事情の議論は避けて通れないだろう（なお、拙稿「発達障害のある人の刑事責任について」（発達障害研究34巻2号〔2012年〕）において、発達障害の事件への影響を量刑の大枠決定の段階で考慮すべきことを指摘した。）し、本章Ⅰ項でいう①のような視点で情状鑑定を活用することには、十分な必要性の裏付けがあると言える。内心領域にわたってまで事実認定は裁判所の専権であると言うが、既に精神医学的な専門分野においては、前掲最判のとおり、専門家の知見を尊重すべきことが認められている。そうであれば、とりわけ心理学的知見にも、同様の尊重が払われるべきこととなろう。

　また、第二に、とりわけ裁判員裁判においては、従来の量刑相場より明らかに執行猶予率が高まり、保護観察が多用される分野の存在が指摘されるなど、処遇への関心の高まりが見られると言われる。ここには、罪体中心の量刑から思い切って脱却すべき事案があることが示唆され、弁護人の幅広い活動が求められると言える。例えば、当該事件に環境上の要因が大きいことを指摘し、当該要因が弁護人と専門家の協働により解消されたことが立証されれば、思い切った量刑判断も期待できるはずである。情状鑑定（本章Ⅰ項④のような視点）は、その基盤となろう。

（金岡繁裕）

第7章

公判段階の弁護活動

I はじめに

　責任能力をめぐる議論は我々弁護士にとっても理解をするのが非常に難しい。このような難しい議論を私たちは裁判員の人たちに理解してもらわなければならない。理解してもらうだけではなく、裁判員を説得しなければならない。そして心神喪失、心神耗弱といった判断に導かなければならない。

　これは並大抵のことではない。当然、弁護人が問題になる精神疾患について専門家と議論をできるほど詳しくなっておく必要があるし、そのことを裁判員に分かりやすく説明できなければならない。それに加えて、事件全体として、弁護人の言いたいこと、伝えようとしていることが一貫していて明確で、分かりやすいものでなければ、裁判員を説得することはできないだろう。

　本章では、裁判員裁判を意識した公判段階の弁護活動として、ケース・セオリー、冒頭陳述、専門家の尋問、それ以外の立証、被告人質問、最終弁論に分けて検討したい。

II ケース・セオリー

　ケース・セオリーとは、私たちから見たその事件の説明、私たちが裁判において求める結論への道筋のことを言う[113]。責任能力を争う事件に即して言えば、

---

[113] 『刑事弁護ビギナーズ ver.2（季刊刑事弁護増刊号）』（現代人文社、2014年）31頁。

なぜこの事件では心神喪失なのか、なぜこの事件では心神耗弱が認められて執行猶予になるのか、この結論に至る説明がケース・セオリーである。

その具体的な中身については公判前整理手続の章に詳しく書かれているのでそちらを読んでいただきたい。ここでは、責任能力を争う事件の公判弁護活動を行う上でのケース・セオリーの重要性について少しだけ述べておこう。

責任能力を争う事件のような争点が難しい事件こそ、明確なケース・セオリーを打ち立てることが重要である。弁護人がなぜ心神喪失だと主張するのか、弁護人がどこを問題にしているのか、そもそも病気の診断名を問題にしているのか、それとも病気が事件に与えた影響の有無を問題にしているのか、これらが明確にならなければ裁判員は議論についてくることができなくなってしまう。そうなれば、検察官の言いなりになって有罪判決にまっしぐらに向かってしまう。

したがって、責任能力を争う事件こそ、責任能力をそもそも争うのかどうか、争うとしてどのように争うのかを、開示証拠を具に検討し、ありとあらゆる事実を洗い出し、ケース・セオリーを綿密に練ることが重要なのである。そして、公判では最初から最後まで、冒頭陳述、尋問、被告人質問、最終弁論を通して一貫したケース・セオリーに基づいて訴訟活動をすることが何よりも重要である。

Ⅲ　冒頭陳述

1　責任能力を争う事件でも基本は同じ——物語を語ろう

責任能力を争う事件だからといって、冒頭陳述を特殊なものだととらえる必要は全くない。むしろ責任能力を争う事件だからこそ、基本に忠実な冒頭陳述を心がけるべきである。

一般的に争いのある事件の冒頭陳述は、弁護人のケース・セオリーを物語の形で提示することが基本とされる。これは出来事（歴史）を人々に伝えるのに物語が一番分かりやすく、適しているからである。責任能力を争う事件においてもこのことは全く変わらない。

責任能力を争う事件では「心神喪失」だとか「生物学的要素」だとか「心理学的要素」だとか、とかく難しい議論をしがちである。しかし、責任能力を争う事件で弁護側が勝つために最も重要なことは、裁判員の人たちに病気を理解してもらい、そして自分が被告人の立場だったとしたら被告人と同じような行動を取るかもしれない、そう思ってもらうことである。そのための第一歩がこの冒頭陳述である。そのためには、裁判員の視線を被告人の視線にいかに近づけるかがポイントとなる。当然のことながら、事件の瞬間のことだけを物語で語ったとしても、とても裁判員の視線を被告人の視線に近づけることはできないだろう。被告人はもともとどのような人物で、どのような人格の持ち主で、その被告人がどのように発病し、発病してから被告人の世界はどのように変容したのか、それを裁判員が追体験できるように物語を語る必要がある。そして、物語が事件の瞬間に差し掛かったときには裁判員の視線は被告人と完全に一致しており、その中で被告人が行為をしてしまった状況、心情、精神状態を裁判員がイメージすることができ、自分が被告人の立場だったらそのような行動を取ってしまうだろうなと思わせることができれば、その冒頭陳述は成功だろう。

　事件によっては冒頭陳述において、このような事件に至る経緯を長々と述べることについて不適切な場合もある。しかし、責任能力を争う事件においては、被告人の精神状態は病気を抱えていない者の精神状態とは全く異なる。事件の瞬間の被告人の世界、精神状態を理解するためには、事件の瞬間だけではなく、もともとの被告人の人格から事件に至る経緯について語る必要がある。重要なことは、いかに裁判員の視点を被告人の視点に近づける物語を語ることができるかということである。

　「物語を語る」一例を紹介しよう。

（途中から）

　Ａくん（＝被告人）は母親から愛情豊かに育てられました。母親のときには叱咤激励することもありました。しかしＡくんは学校での出来事を母親に話し、母親はＡくんの悩みの相談相手になっていました。

　（中略）

ところが、そのころ、Ａくん（＝被告人）の精神に異変が起こりました。Ａくんは様々な人が自分のうわさ話をしている声が聞こえるようになりました。さらに、周囲の人々が通りすがりに自分を眺めているのを実感するようになりました。テレビやラジオが自分の考えを全て把握していると感じました。
　Ａくんはこの正体不明の声や視線にいらだちました。耐えられなくなって、空に向かって「うるせえ、黙れ！」と突然叫びました。

2　病気を語る

　責任能力を争う事件における冒頭陳述で、裁判員の視点を被告人の視点に近づけるのに必要不可欠なのは病気の存在である。責任能力を争う事件では、統合失調症、うつ病、妄想性障害といった病気が関係する。一方、ほとんどの裁判員はこれらの病気のことを知らない。これらの病気を裁判員に理解してもらい、その上で裁判員の視点を被告人の視点に近づけることが、我々のケース・セオリーを受け入れてもらうために重要なことである。これらの病気の内容、症状など詳細については精神科医の証人尋問などによって明らかにするものだが、冒頭陳述の段階でもある程度その内容に触れる必要があるであろう。事件当時の被告人の世界、精神状態を理解するために必要な限度で、物語の一つの要素として、病気そのものについても語ることが重要である。
　冒頭陳述において、物語の一つの要素として「病気を語る」一例を紹介しよう。

　（つづきから）
　Ａくんは妄想型統合失調症という病気にかかったのです。
　この病気にはさまざまな症状が現れます。代表的な症状は幻覚と妄想です。
　幻覚とは、実際に存在しない物を現実のものとして知覚してしまう現象です。その一つとして、実際に存在しない音声が聞こえる幻聴というものがあります。さらには、視覚的な幻覚である「幻視」が現れることもあります。これは実際には存在しないものが見える現象です。

幻聴や幻視というのは実際には存在しない音や映像なのですが、統合失調症の患者はそれを現実と区別することができません。ですから、いつまでも続く声や映像に悩まされ、いらだち、恐怖を覚えるのです。患者は声の主と会話をしたり、反発したり、命令されたりするのです。
　次に、妄想というのは、根拠のない考えや状況を強く確信してしまうことです。「町中のみんなが自分をじろじろ見ている」とか「テレビやラジオで自分のことが話題になっている」とか「自分は親から虐待を受けている」と根拠なく確信している状態です。
　統合失調症の患者はこの妄想に悩まされ、怒り、恐れ、そして反撃しようとするのです。

（以下、再び物語）
　平成〇年の暮れころから、Ａくんは激しい幻聴や妄想に悩まされました。街を歩いていると通りがかりの人から「なめんな」などと言われている声が聞こえました。人々は自分をじろじろ眺めていると感じました。Ａくんは四六時中正体不明の「頭の中の声」と戦っていました。そして毎晩のように夜中に「うるせー、黙れ」と吠え続けました。
　そして、Ａくんの妄想は自分の母親にも及びました。Ａくんは母親から数々の虐待を受けたと確信するようになりました。
　こうして事件当日を迎えました。

3　責任能力とは何か、裁判員は何を判断しなければならないかを提示する

　責任能力を争う事件では、最終的に裁判員に判断してもらう事項は責任能力の有無である。したがって冒頭陳述においても裁判員に判断してもらう対象を分かりやすく伝える必要がある。
　ここで注意しなければならないのは、決して講義をしてはいけないということである。間違っても、パワーポイントの画面に「責任能力とは何か」「心神喪失と心神耗弱」「生物学的要素と心理学的要素」などと表示して授業を始めてはならない。あくまでも冒頭陳述の段階では、裁判員の人たちがこれからの

第7章　公判段階の弁護活動

審理の中で自分たちが何を判断しなければならないかを理解できる程度に示すということである。

　そのために重要なことは、まず公判前整理手続の段階で、裁判長が裁判員に説示をする「責任能力」「心神喪失」などの法律概念の内容をつめておくことである[*114]。冒頭陳述の段階から、検察官、弁護人、そして裁判長がそれぞれバラバラに「責任能力」だとか「心神喪失」といった概念の説明をすることになれば裁判員は混乱するだけである。そのようにならないように、公判前整理手続の段階で裁判長の説示内容を確定させ、法廷ではその説示の内容に沿って弁護人もこれらの概念を示す必要がある。その際に意識すべきは、責任能力の概念の一般論だけではなく、当該事件における説明（その事件で問題になるポイントに重点を置いた説明）を考えることである。それとともに、このような概念の説明と証明基準の議論をセットにすることが重要である。

　一例を示してみよう（なお、この一例はとある事件において、最終的に公判で説明することを合意した一例であり、公判前整理手続ではその理論的な根拠も含めて議論をした後のものと理解していただきたい。また責任能力、心神喪失、心神耗弱の説明の仕方についてもあくまでも一例である。）。

> ＜責任能力＞
> 　刑罰は、社会のルールに違反したことに対する制裁、ペナルティです。刑罰を科すことは、ルール違反をしてはいけなかったのに違反したことに対する責任を問うことです。そうすると、刑罰を科すことができるのは、その人がルールを守ることができるのにあえて自分の判断でルールを破ったといえる場合でなければならない、ということになります。こうした行為の善悪を認識・判断し、その認識・判断に従って自分の行為をコントロ

＊114　裁判員法66条3項より、裁判長は裁判員に対して「法令の解釈に係る判断」を示さなければならないとされており、一方裁判員はこれに従って職務を行わなければならないとされている（同4項）。したがって、「責任能力」や「心神喪失」といった法的概念をどのように解釈するか、すなわち法令の解釈に係る判断について、裁判長がどのような判断を裁判員に示すのかが極めて重要となる。

ールする能力を「責任能力」といいます。

＜心神喪失＞

　心神喪失とは、精神の障害のために、善悪の判断ができず、悪いことを悪いことだとわからないか、あるいは、悪いことだと分かっていても、それを自分の意思で思いとどまることができなかったという状態を意味します。

＜本件における心神喪失＞

　証拠を検討し、常識に従って判断した結果、統合失調症による幻覚・妄想・易怒性の影響を考えても、被告人が善いことと悪いことの区別ができ、その区別に従って自分をコントロールすることができたということについて「間違いない」と言える場合に有罪とすることができます。逆に、証拠を検討し、常識に従って判断した結果、被告人が、統合失調症による幻覚・妄想・易怒性の影響で、善いことと悪いこととの区別ができなかったのではないか、あるいは、その区別に従って自分をコントロールすることができなかったのではないかという「疑問が残る」ときには心神喪失として無罪としなければなりません。

　このような説示内容を公判前整理手続の中で合意することができれば、冒頭陳述ではこの内容に沿って裁判員に判断の対象を示すことになる。冒頭陳述の基本ルールの一つに「議論をするな」というものがあるが、ここでも当てはまる。責任能力の話をし始めると、つい「検察官は……という点から被告人は自分の意思で犯行を思いとどまることが全くできなかったとは言えないと言うが、この点については……であり……」と議論を始めがちである。しかし、まだ証拠の中身を見ていない裁判員にとってはそのような議論は有害無益である。あくまでも冒頭陳述はこれから出てくる証拠を私たちのケース・セオリーに沿って理解してもらうためのものであり、議論する場ではない。

Ⅳ　立証活動

1　前提事実の立証

　責任能力を争う事件となると、立証の関心が精神科医の意見の対立、弾劾といったところに向かいがちである。しかし、純粋に精神科医の意見が対立するというケースはそれほど多くはない。精神科医が依拠している事実の評価に争いや違いがあることから意見の対立に発展するケースがほとんどである。典型的なケースとしては、以下のような統合失調症の事案における前提事実が妄想なのか現実の出来事なのかといったケースである。

　妄想型統合失調症のケースで、被告人は被害者から虐待を受けていたと思っており、その影響で被害者を刺したとしよう。もし被害者の被告人への虐待の事実が現実の出来事だったとすれば、その動機の了解可能性は認められる方向に行くだろう。被告人に妄想型統合失調症の既往があったとしても、事件への影響としては否定的な方向に考慮されることとなる。一方、被害者の被告人への虐待の事実など全くなく面識すらなかったとか、とても優しく接してきていたという事実があるのであれば、被告人は被害者から虐待を受けていたという被害妄想を抱いていたということになる。そうなれば、この妄想型統合失調症は事件に強く影響していたという方向に議論は進むだろう。

　このように、責任能力を争う事件において前提事実は極めて重要である。そしてこの前提事実の有無、評価について検察官との間で争いがあることは珍しいことではない。したがって、弁護人としては前提事実について丁寧に立証することが必要である。例えば上記のようなケースであれば、過去の被告人と被害者との関係について、その関係を知る人の証人尋問や、その関係が分かるような書証などである。それ以外にも、事件時の統合失調症の症状が急性期にあったのかどうかが問題になるようなケースでは、診療録などの書証によって立証をしたり、主治医の証人尋問によって立証することも考えられるだろう。

　以下に責任能力を争う事件における前提事実の立証でよく見られる立証方法を表（次頁）にまとめてみる。

立証事項	証拠
発病時期、病気の進行	主治医の証人尋問
	書証：診療録（カルテ）、看護記録など
	書証：過去の診断書
元来の人格、成育状況	家族の証人尋問
	学校の先生や知人などの証人尋問
	書証：学校の指導要録
	書証：過去のトラブルについての捜査報告書
	書証：少年事件の社会記録をもとに作成した報告書（もし少年審判を受けた経験がある場合）
事件直前の被告人の言動	近隣住民の証人尋問
	書証：近隣住民の供述録取書等
	書証：警察官の供述録取書等

　責任能力を争う事件の中には、前提事実に争いがなく、純粋に評価（例えば、生物学的要素が事件に与えた影響の程度）が問題になるケースもある。そのようなケースの場合、裁判所は前提事実については合意書面や統合捜査報告書にまとめさせる傾向にある。あるいは、起訴前の嘱託鑑定を実施した精神科医の証人尋問や鑑定人尋問において前提事実を明らかにすれば足りるとして、それ以外の証拠の取調べの必要性を否定的に考える傾向がある。

　しかし、事実の有無に争いはなくとも、重要な前提事実であれば証人尋問によって直接理解をすることを求めるべきである。そのほうが裁判員にとっては理解がしやすいからである。

2　事件に近い時期の被告人の病状についての立証

　裁判員裁判事件は公判前整理手続に付される。したがって、実際に公判が始まるのは事件から数か月〜1年経過している。この間に被告人の病状は変化する。拘置所の中で投薬治療を受ける人もいるだろう。そうなると、例えば事件時には統合失調症の陽性症状が現れ、激しい幻覚、妄想を訴えていた被告人も、

裁判員の前に出てくるころにはすっかり症状が治まっていたり、むしろ陰性症状が出て、事件時とは全く異質の精神状態になっていることは珍しいことではない。そうなると、事件時の精神状態を裁判員に理解してもらうことは非常に困難になる。まさに今目の前で幻覚、妄想を体験している人が直接話すのと、そのような症状が見えない人が過去の体験として語るのとではインパクトは全く異なるだろう。また、被告人によっては事件当時の自分の精神状態を語ることができない人もいるだろう。

　裁判員裁判ではこのようになることにあらかじめ備える必要がある。事件時（あるいは事件に極めて近い時期）の被告人の様子、言動を保全しておくことが重要である。その方法は捜査弁護の章に譲るが、公判では必要に応じてそれらを立証することも重要である。

　筆者が経験した一例としては、事件直後の被告人の言動、様子を接見時にビデオ撮影し、その動画ファイルを、事件直後の被告人の様子等を立証趣旨として証拠請求し採用された[115]。そして法廷の大画面で事件直後の幻覚妄想体験を語る被告人の様子が映し出された。この事件では、弁護人の前で語っていた妄想の内容が調書に取られておらず、また鑑定人との間でもそのような事実が妄想なのか現実なのかが問題になっていた。また、何よりも、その妄想体験を真実体験したかのように、険しい表情で語る被告人の雰囲気、様子、態度を見てもらうことが、妄想が被告人に与えている影響を裁判員にもっとも分かりやすく理解してもらえると考えられた。また、公判時には被告人の統合失調症の症状は治まっており、むしろ法廷にいる被告人の様子と映像の中の被告人の様子とのギャップの大きさを伝える意味でも役立った。

　これ以外にも同様の立証趣旨で取調べDVDを証拠請求することも考えられるだろう。このような事件時の被告人の病状の立証は、当然のことながら文書よりも音声、音声よりも動画の方がよく伝わる。このような公判での立証を意識して、捜査段階で証拠を作る必要がある。

＊115　高野隆＝趙誠峰「『接見ビデオ』を裁判員法廷で上映して心神喪失を主張」季刊刑事弁護65号（2011年）124頁。

Ⅴ 被告人質問

1 責任能力を争う事件での被告人質問の役割

　被告人質問と一口に言っても事件によってその役割は様々である。被告人質問の信用性が全てのような事件もあれば、他の証拠が中心で被告人供述は補完的な役割でしかない事件もある。中には被告人が黙秘をして被告人供述が存在しない事件すらある。そのような中で、責任能力を争う事件での被告人質問の役割はいかなるものか。

　責任能力を争う事件で争点になる点として考えられるのは、被告人の病気のこと（病名、発症時期、事件当時の症状など）、精神症状が事件に与えた影響、その前提となる事実の存否、これらの総合評価といった点である。このうち、弁護側の立証として被告人供述によらなければならないのは事件当時どのような症状があったか（幻覚、妄想の内容など）、どのような心理状態だったかといった点である。これらの点についても、例えば通院時のカルテや、事件現場での被告人の言動についての目撃者の証言など他に立証の方法が考えられるものもある。しかし、被告人の事件当時の精神状態などは被告人の供述なしに他の証拠だけで立証し尽くすことはなかなか難しいだろう。このように考えると、責任能力を争う事件での被告人質問の役割は、事件当時どのような精神状態で、何を考えて事件を起こしたのかということを事実認定者に伝えるということだと言えるだろう。

2 被告人に全てを語らせようとしない

　このことは、逆に言えばすべてを被告人供述で立証しようとすることは誤りだということでもある。責任能力を争う事件では、被告人の側から病気のことや被告人の精神状態、あるいは被害者とのこれまでの関係、成育歴といった事実を立証しなければならない。これらの点について、被告人自身が経験した事実であってもその立証方法は被告人供述によるべきではない。精神障害を抱えている人の多くは自らの病気について正しく語ることは難しいし、記憶の変容

といった問題もある。したがって上記のような事実は被告人供述ではない他の立証によるべきである。むしろ被告人に語らせようとすること自体が誤りだろう。

3 被告人質問で意識すべきこと

　通常の事件では、被告人質問では他の証拠と矛盾しないよう、"正しいこと"を供述できるよう意識することが多い。しかし責任能力を争う事件の被告人質問はやや異なる。責任能力が問題になるような精神障害をかかえている被告人は、例えば自らが訂正不能な幻覚、妄想を体験しており、また認知機能が歪んだり、記憶も減退している人もいるであろう。このような病気があるということは、被告人がありのまま供述すると他の客観証拠と矛盾するような言動になる可能性がおおいにあるということである。しかし、病気に基づく精神症状を主張するわけであるから、仮に他の客観証拠と矛盾するような言動があったとしても、それは決して主張と矛盾するわけではない。むしろ、病気の症状として説明することができる。

　重要なのは、被告人供述が、意図的に嘘をついているのではない、被告人には精神障害による症状があるのだということを理解してもらうということである。そのためには被告人質問の基本である"誘導しない、被告人に語らせる"というセオリーを忠実に守り、こちらの質問に対して意図しない答えが出たとしても、それを無理に修正しないといったことが有効だろう。

　とはいえ、当然事前準備はしっかりと行う必要がある。その際にも、被告人の記憶、認識を無理に曲げるようなことはせずに、被告人の生の記憶、認識がどのようなものであるかを十分な事情聴取の中で把握し、弁護人のどのような質問に対してどのように答えるのかも十分に吟味した上で、質問事項を考えることが重要である。

Ⅵ　精神科医の尋問

　責任能力を争う裁判員裁判において一つのハイライトが精神科医の尋問であ

る。起訴前の嘱託鑑定が行われ、それが検察官立証の柱になっている場合には、この嘱託鑑定を行った精神科医の証人尋問が実施されるだろう。この反対尋問が山場となる。また、当事者鑑定を実施し、その精神科医を弁護側証人として請求している場合、その精神科医の主尋問も重要である。

一方、いわゆる50条鑑定が採用され公判前整理手続の中で鑑定が実施された場合鑑定人尋問が行われる。これらの各尋問をまとめてここでは「精神科医の尋問」と呼ぶことにする。

精神科医の尋問はとかく難解になりがちである。弁護士以上に精神科医の話は難しいことがよくある。主尋問でも反対尋問でも、とにかく裁判員の目線に立って、裁判員が十分に理解できているかを意識しながら進めることが最も重要なことである。以下、専門家の尋問について、弾劾の方法、こちら側のケース・セオリーに活かす方法に分けて検討してみる。

1　鑑定の弾劾

最二小判平成20年4月25日によれば、「生物学的要素である精神障害の有無及び程度並びにこれが心理学的要素に与えた影響の有無及び程度については、その診断が臨床精神医学の本分であることにかんがみれば、専門家たる精神医学者の意見が鑑定等として証拠となっている場合には、<u>鑑定人の公正さや能力に疑いが生じたり、鑑定の前提条件に問題があったりするなど、これを採用し得ない合理的な事情が認められるのでない限り、その意見を十分に尊重して認定すべき</u>」（強調――筆者）とされている。

ここから鑑定を弾劾するポイントを導こう。この判例によれば、弾劾のポイントは、弁識能力や行動制御能力について議論をして言い負かそうとすることではなく、「鑑定人の公正さや能力に問題」、「鑑定の前提条件に問題」が弾劾ポイントになるということである。したがって、これらのポイントから鑑定意見を弾劾し、当該鑑定を採用し得ない合理的な事情を認めさせることが目標となる。

もう少し具体的に検討しよう。

「鑑定人の公正さや能力に問題」としてよく問題になるのは、鑑定人と被告

人の関係である。鑑定人が被告人の主治医であった場合などは公正さに問題とされることがある。むしろ、この部分については弁護側の当事者鑑定の医師の証言についてこのポイントから弾劾されることが多いかもしれない。

次に「前提条件の問題」については、被告人の診断名について争いがあるような場合に、確立した診断基準をきちんと適用せずに恣意的な判断をしていることを浮き彫りにする尋問が考えられる。その他にも、例えば心理学的要素への影響の有無や程度の判断の前提となる前提事実（幻覚、妄想の有無など）を見落としたまま鑑定をしていることを指摘する尋問を行うことが考えられる。

弾劾の対象はこのようなポイントになるが、反対尋問の基本は他の反対尋問と何ら変わらない。証人が認めざるを得ない事実を積み重ねていき、論争をしないということである。専門家証人への反対尋問なので、意見を求める場面は当然に出てくるが、それでも反対尋問の基本は変わらない。鑑定書を具に検討し、被告人のこれまでの病歴、事件当時の症状などもしっかりと聴き取り、これらをもとに証人（鑑定人）が認めざるを得ない事実を積み重ねることが重要である。

具体的な尋問例を紹介しよう。

＜事例＞
　被告人が母親を刺殺した事案。被告人は母親に虐待されたという妄想を抱いていた。起訴前鑑定を行った精神科医はこの事実について誇張はあるものの母親からの強度のしつけはあったと被告人の問診から判断して鑑定をしていた事案

弁護人：先生は鑑定書の中で、被告人が母親（被害者）に子ども時代に竹刀で叩き起こされる、暴言を吐かれるなどの仕打ちを受けていたと判断されていますね。

証人（精神科医）：はい

弁護人：先生は被告人がこのような仕打ちを受けていた、虐待体験があったというふうに鑑定書に記載されていますね。

証人：はい。私が聴いた限り、虐待とまでは言えないとも思いましたが、

>　　　本人が虐待という言葉を使ったので、そのように鑑定書に記載したの
>　　　は確かです。
>　弁護人：竹刀で叩かれる、暴言を吐かれる、被告人が母親からそのような
>　　　　　仕打ちを受けたというのは、先生の判断の前提だと伺ってよろしいで
>　　　　　すね。
>　証人：はい
>　弁護人：もしも、これが、そのような体験というのが、現実の体験ではな
>　　　　　く、被告人の妄想だったとしたら、被告人の精神障害が事件に与えた
>　　　　　影響について、先生が鑑定書で述べられた意見よりもより強いと言え
>　　　　　ますね。
>　証人：そうですね。

　これは前提事実が現実の出来事なのか妄想なのかが問題になった事案で、鑑定人が現実の出来事であることを前提に鑑定していたケースである。前提事実が妄想かどうかは別途立証活動が必要であるが、それらの立証をふまえた専門家への反対尋問の一例である。

2　専門家の意見を活かす方法（主尋問）

　責任能力を争う事件では、裁判員に病気を理解してもらうことが重要であることは既に述べたとおりである。病気を裁判員に十分に理解してもらうためには専門家の口からその病気について分かりやすく説明してもらう必要がある。例えば、「統合失調症とはどのような病気か」「幻覚、妄想とはどのようなものか」「幻覚、妄想について患者はそれが幻覚、妄想だと理解しているのか」といったことである。最終的に裁判員の視線を事件当時の被告人の視線に近づけるためには、ここでできるだけ具体的に病気について語ってもらうことが重要となる。

　その際に留意すべきこととしては、決してこの病気についての説明を医師に任せきりにしないということである。検察側証人の反対尋問において、活かす尋問の一環として病気を語ってもらう場合もあれば、弁護側証人として証言す

る当事者鑑定の医師に病気を語ってもらう場合もある。その際に、医師の説明というのはとかく難しくなりがちである。素人の立場からできる限り疑問がわかないように、一度話を聞いただけでイメージがわくように説明してもらう必要がある。そのためには事前に何度か打ち合わせをして、どのように説明してもらうのがいいのかしっかりと協議するようにしよう。また、その際にパワーポイントなどの視覚資料を用いることは有益だが、ここでも医師にパワーポイントの内容を任せきりにしてはならない。医師が作成するパワーポイントのスライドは文字が多くなる傾向がある。できれば医師が作ったパワーポイントの原案を我々の方で手直しくらいしたいものである。

　このような事前準備を経て、専門家に病気を語ってもらえば非常に分かりやすく裁判員に病気を具体的にイメージしてもらえるだろう。

Ⅶ　最終弁論

1　証拠の議論をする、物語を繰り返さない

　最終弁論は証拠の議論をする場である。これは最終弁論の最も基本的で、最も重要なポイントである。そして、このことは責任能力を争う事件においても全く変わらない。

　冒頭陳述のところでも述べたように、責任能力を争う事件ではとかく鑑定の信用性といった点に私たち弁護人の関心は向きがちだが、発病の経緯等を含めて物語として事件をとらえることは非常に重要である。しかし、その物語を最終弁論で繰り返すことは絶対にしてはいけない。冒頭陳述、証人尋問、被告人質問をとおして私たちの物語はもう十分に裁判員に伝わっている。最終弁論ではこの物語が証拠によって裏付けられていることを、具体的な証拠を用いて論証するのである。

　物語を改めて語るのではなく、いきなり争点の論証を始めよう。前提事実に争いがあるのであれば、そこから論じることもあり得るだろう。専門家証人（あるいは鑑定人）の信用性から論じるべき事件もあるかもしれない。いずれにせよ、何をどのような順序で語るのかということも含めて、私たちのケース・セオリー

が受け入れられるために最も効果的な順序で論証をするようにしよう。

2 何を議論するのか

責任能力を争う事件の最終弁論は非常に難しいものになりがちである。しかし、私たちはこの難しい話題について裁判員を説得しなければならない。そのためには、今何を論じているのか、何のためにこの議論をしているのかを明確にすることが重要である。

◆ 精神の障害（生物学的要素）
　　↕ 生物学的要素が心理学的要素に与えた影響の有無、程度
◆ 弁識能力・制御能力（心理学的要素）

前掲平成20年判決によれば、「生物学的要素である精神障害の有無及び程度並びにこれが心理学的要素に与えた影響の有無及び程度については、その診断が臨床精神医学の本分であることにかんがみれば、専門家たる精神医学者の意見が鑑定等として証拠となっている場合には、鑑定人の公正さや能力に疑いが生じたり、鑑定の前提条件に問題があったりするなど、これを採用し得ない合理的な事情が認められるのでない限り、その意見を十分に尊重して認定すべきものというべきである。」とされている。すなわち、「生物学的要素である精神障害の有無、程度と、これが心理学的要素に与えた影響の有無及び程度」は臨床精神医学の本分だとした。一方、心理学的要素そのものの判断については、法律判断であり、専ら裁判所の判断に委ねられているとするのが前掲昭和59年決定の結論であった。裁判所は、被告人の犯行当時の病状、犯行前の生活状態、犯行の動機・態様等を総合考慮して心神喪失、耗弱といった結論を決めることとなる。

最終弁論ではこの判断枠組みを明確に意識して論じることが要求される。したがって、「生物学的要素である精神障害の有無、程度と、これが心理学的要素に与えた影響の有無及び程度」を論じる中で精神科医の意見、鑑定の信用性を議論しなければならないし、心理学的要素そのものの判断については精神科

医の意見ではなく、最終的には裁判官と裁判員がする総合考慮について弁護人の意見を述べなければならない。

それぞれの事案によって、精神障害の有無・程度が問題となる事案なのか、精神障害があることは争いがなく、その程度やこれが心理学的要素に与える影響の有無・程度が問題になる事案なのか、はたまた総合考慮が問題になる事案なのか、その判断の分かれ目を意識しなければならない。この判断の分かれ目を意識しない議論はおよそ裁判員に受け入れられないだろう。

3 専門家の意見についての議論

精神障害の有無、程度あるいは精神障害が心理学的要素に与える影響の有無、程度が問題になる事案では、検察官が依拠する専門家の意見（起訴前の嘱託鑑定を行った精神科医の証言か鑑定人の意見）を弾劾する弁論をする必要がある。その際の視点は、反対尋問の項目でも検討したのと同じように前掲平成20年判決がヒントを示している。「鑑定人の公正さや能力」についての議論や、「鑑定の前提条件」に問題がないかといった議論をし、この鑑定意見を採用できない合理的な事情があることを論証するのがここでの目的である。当然のことながら、最終弁論での議論の素材は反対尋問で獲得しなければならない。反対尋問で獲得した証言のうち、これに沿う部分を引用しながら議論するということである。

さらに、この平成20年判決が示した鑑定意見の射程についての議論は、弁護側の証拠として法廷に顕出した当事者鑑定の信用性についても言えることである。すなわち、弁護側の当事者鑑定については、まず鑑定人の公正さや能力について問題がないことを論証しなければならないということである。とりわけ鑑定人が被告人の主治医の場合などは、この「公正さ」の要件で信用性を否定されることが少なくない。さらに、当事者鑑定の場合は起訴前嘱託鑑定や50条鑑定の場合と比較して鑑定資料、鑑定環境にハンディがあることから、この点をとらえて「鑑定の前提条件」に問題があると指摘されることも珍しくない。当事者鑑定にはこのような弱点があることを見据えて鑑定を実施する必要があるし、そのことを最終弁論においてもしっかり議論してフォローするこ

コラム

「7つの着眼点」を論じることの当否

　「7つの着眼点」は、裁判官及び検察官の視点から責任能力判断に当たり考慮する要素を、精神科医が経験的に列挙したものである（コラム『「手引き」と『7つの着眼点』』本書29頁）。したがって、これは精神医学的な着眼点ではない。いわば素人的な着眼点である。例えば、精神科医が「統合失調症の圧倒的な影響を受けていた」と証言したが、動機を見ると、被害者の言動に腹が立って犯行に及んでいるように見えるから、統合失調症の影響はなかったのではないか。行動を見ると、自分の意思で行動できているように見えるから、統合失調症の影響はなかったのではないか。このように表面的に被告人の動機や行動を見て、責任能力があるように見える、というのが「7つの着眼点」（あるいは、昭和59年決定にいう総合考慮の要素）である。このことから明らかなように「7つの着眼点」は、機能的には、精神科医の証言に反して、責任能力を肯定する方向に働く。

　そこで、そもそもこれらの要素には反論する必要はない、という考え方もあり得る。精神医学的にはそのとおりであろうが、責任能力判断が法的判断であり、昭和59年決定が「被告人の犯行当時の病状、犯行前の生活状態、犯行の動機・態様等」を総合考慮することを認めている以上、これらの要素を考慮することが違法であるとも言えない。最終弁論で弁護人が反論しておかなければ、評議室の中で、検察官の主張に則って評議が進められかねない。「7つの着眼点」を全て論じる必要はないが（例えば、「精神障害による免責可能性の認識」は詐病が問題になる場合以外には、論じる必要はない。）、検察官が主張する要素（着眼点）に対して、反論しておくことは必要であろう。また、逆に有利に考慮できる要素（着眼点）があるなら、積極的に主張しておくことも検討すべきであろう。

（田岡直博）

とが重要だろう。

4 「7つの着眼点」の扱い方

　精神鑑定の際に精神科医が着目する「7つの着眼点」について、これをあたかも責任能力判断の"要件事実"かのように議論することは誤りである。この「7つの着眼点」は、あくまでも精神科医が、法律家の視点から法廷などで問われる可能性の高い質問などを経験的に列挙したものである。決して7つの着眼点をすべて満たさないと完全責任能力にならないとか、このうちの少なくとも1つの着眼点を満たさなければ心神耗弱になるといったものではない。上でも述べたように、心神喪失、心神耗弱といった判断は、被告人の犯行当時の病状、犯行前の生活状態、犯行の動機・態様等を総合考慮して決めるものである。ただ、この総合考慮の際の有益な視点としてこの7つの着眼点は機能する。
　それぞれの事案によって心神喪失を主張する際にポイントとなる"着眼点"は異なる。その事案でポイントとなる部分について論じることが重要である。

5　動機の了解可能性等を論じる

　「7つの着眼点」に代表されるように、責任能力の判断では様々な着目点があるのだが、その中でも重要なのが「動機の了解可能性」である。検察官の論告によく見られるのは、例えば、実際には虐待などなかったにも関わらず被害妄想を抱いていた相手に対して、恨みの感情から刺すといった行動を取った場合に、恨みの感情から刺すといった、いわゆる「直接の動機」だけを見て了解可能だとする主張である。しかし、このような論法によれば、動機が了解不能の事件などなくなるだろう。統合失調症のような精神障害を抱えていても、人は生活しているのであり、全く脈略のない行動をとり続ける人などいない。そうではなく、この事例であれば恨みを抱いた事情について、全く虐待の事実がないにも関わらず虐待を受けたと思い込んで恨みを抱いたのであれば、病気による妄想を抜きにおよそ了解できない。あるいは、何かしらの悪感情を抱いていた相手に対して、頭の中の声で「刺せ」と言われたから刺したというような場合についても、その時そのタイミングで相手を刺したことについて、頭の中

の声しか理由がないのであればそれもまた動機は了解不能と言うべきであろう。
　このように動機の了解可能性を検討する際には、その相手に対してそのような行動を取る動機が病気の存在を抜きにして理解できるかという視点とともに、その時そのタイミングでその行動を取った理由についても病気の存在を抜きにして理解できるかといった視点から検討することが有益である。

●動機の了解可能性についての弁論の一例

　Ｐ医師（起訴前鑑定の医師）は、本件犯行の動機は了解可能だと証言しました。その根拠は、被害者である母親に対する“恨み”が背景にあることと、事件当時に被告人と被害者との間に現にトラブルが発生したことの2点でした。このことをＰ医師はこう証言しました。
　「被害者に対する恨みの感情などが既存として背景にある上に、2人の間で犯行時、悶着、いざこざが起こり、情動的・発作的に犯行に及んだと考えれば、了解は十分に可能である。」。

　これに対して、Ｂ医師（当事者鑑定の医師）は、こう証言しました。
　「被告人が被害者にひどい仕打ちを受けた事実はない。了解可能な現実的・具体的葛藤を抱いた状態での情緒的・発作的な犯行とは考えにくい。本件は幻聴や被害妄想、興奮に支配された上での犯行と考えるべきだ。」。

　Ｐ医師の意見とＢ医師の意見の違いが何に由来するのかは、明らかです。
　Ｐ医師が「恨みの感情が背景にある」と言った点について、Ｂ医師はそれは現実的な体験ではなく、妄想であったと言っているのです。ここに両者の決定的な違いがあるのです。
　しかし、この「被害者に対する恨みの感情」なるものは、すでにこれまで詳細に検討したように、事実に基づくものではなく妄想に基づくものだったのです。
　Ｐ医師が「了解可能」だと言った根拠は崩れ去ったのです。

6 "心神喪失無罪"後の処遇を論じる

　心神喪失による無罪というのは、殺人事件で言えば、事件を起こして被害者が亡くなっているにもかかわらず無罪だということである。私たち法律家はそれを当たり前のことのように理解するが、裁判員にとっては「殺人をしているのに無罪にしていいのか」という素朴な疑問にぶち当たるだろう。これが心神喪失に向けての最大の抵抗勢力になるかもしれない。そう考えると、心神喪失無罪後の処遇についても最終弁論で述べることは極めて重要だろう。具体的には、無罪放免となるわけではなく、医療観察法によって治療のプロセスが始まるということを裁判員に伝えるということである。

　これに対して、検察官からは、医療観察法による申立ては検察官の職務であって、刑事裁判とは別個の手続である、刑事裁判において処遇を考慮することはおかしい、医療刑務所においても治療は可能であるといった反論が想定される。このうち、刑事裁判においてこのような処遇を考慮すべきではないという点は、処遇の実情、仕組みについて理解することは、裁判員裁判が責任能力について正しい判断をする上で必要なことであると反論すればいい。一方、医療刑務所の実態については、場合によっては医療観察法における治療環境と、医療刑務所での治療環境の違いをその事情を知る精神科医に証言してもらうことも考慮すべきであろう。

（趙　誠峰）

第8章

量刑が問題となる場合の留意点

Ⅰ　はじめに

　被告人の精神障害が犯行に影響しているが、量刑のみが問題となる事件がある。具体的には、心神耗弱に争いがない事件や心神耗弱には至らないものの精神障害が犯行に影響を与えたことに争いがない事件である。[*116]
　そのような事件で、弁護人がいかなる点に留意して量刑上の主張・立証をすべきか検討する。

Ⅱ　量刑事情としての位置づけ

　被告人に精神障害があり、心神耗弱と認められる場合、「刑を減軽する」（刑法39条1項）ことになる。心神耗弱の場合に刑が減軽されることは法律上の根拠があるので、その点に裁判員の共感が得られるかはともかく、刑が減軽さ

＊116　公判前整理手続において検察官及び弁護人が心神耗弱であることについて争いがないとされていたとしても裁判所の判断を拘束するものではなく丁寧な立証が必要である。高松地判平成24年10月9日では、検察官が心神耗弱、弁護人が心神喪失の主張をしていたが、裁判所は完全責任能力を認めた上で求刑を上回る判決をしている（殺人、判決：懲役16年、求刑：懲役12年）。大阪地判平成22年2月22日も心神耗弱であることは争いないが、「被告人が自身の判断において犯行を行ったという側面も相応に残されていたとみることができる」として、「心神耗弱の状態であったことを量刑上必ずしも過大視することはできない」と判断されている（傷害致死、判決：懲役6年8月、求刑：懲役8年）。
　なお、鑑定医の証言が心神喪失を示唆するものであれば、公判前整理手続において心神耗弱の主張をしていたとしても、最終弁論において心神喪失の主張をすることはあり得る。

れる根拠の説明は容易である。

　他方、心神耗弱には至らないものの、被告人の精神障害が犯行に影響している場合は少なくない。このような場合、法律上、刑の減軽事由とされているわけではない。そこで、裁判員に精神障害が犯行に影響した点を被告人に有利な量刑事情として評価してもらうためには（あるいは不当に不利に評価されないよう）、説得的な理由が必要となる。

　一般的には次のような視点から主張・立証の方針を検討していくことになるが、それぞれ独立した視点ではなく、証拠に基づき総合的に主張していくことになる。

1　精神障害が犯行に大きく影響し、責任能力が低下していたこと

　心神喪失や心神耗弱には至らないが、精神障害の犯行に与えた影響が大きく、被告人の弁識能力又は制御能力がかなり障害されている場合がある。心神喪失や心神耗弱のように、事理弁識能力又は行動制御能力を欠くような極端な場合でなくとも、精神障害の影響によりこれらの能力が低下している場合、通常人と同じ非難はできないはずである[117]。そのことを明示する裁判例もある。

> 東京高判平成25年11月15日[118]
> 　殺人／懲役３年（１審は、懲役５年）

＊117　司法研修所編『裁判員裁判における量刑評議の在り方について』（法曹会、2012年）7頁「犯罪行為に相応しい刑事責任を明らかにすることは、単に行われた犯罪の客観的重さ（特に発生した結果の重大さ）に従って刑を決めるべきであることをいうのではなく、犯罪行為に対する責任非難の程度（当該行為の意思決定への非難の程度）に応じた刑の分量を明らかにすることを意味する」。

＊118　季刊刑事弁護78号（2014年）56頁の担当弁護人のレポートによれば「１審判決が誤った背景には、うつ病等の精神の障害が犯行に一定の影響を与えているとしても、責任能力があるとされる以上は量刑判断を大きく左右する事情とはならないという見方が、裁判官や当事者にあった可能性がある。心神耗弱が認定されるのは、判断能力ないし行動制御能力が著しく損なわれたといえる場合だから、その程度に至らない場合でも、精神の障害が犯行に大きく影響したといえる場合は少なくないはずであり、その場合、控訴審判決が説示したとおり、責任非難の程度は相当程度減少するというべきなのである」とされる。

被告人は、うつ病の影響により強く死にたいと思うようになり、うつ病の症状であるこの希死念慮と思路の歪みにより被害者を殺害しなければならないという現実からかけ離れた確信を抱いたために、本件犯行を行ったと認められるから、うつ病が本件犯行の動機形成に与えた影響は大きかったと評価でき、<u>このことは、被告人の本件犯行時の責任能力の有無には影響しないにせよ、判断能力・行動制御能力が一定程度は低下していたと認められ、責任非難を軽減する事情として、量刑判断において重要な要素となるというべきである。</u>

　精神医学的にも精神障害の責任能力に与える影響は連続的にイメージされている[*119]。

　したがって、精神障害により、被告人の弁識能力又は制御能力が低下している場合には、鑑定人等の専門家により、そのことを丁寧に立証し、通常人と同じ責任非難はできないことを主張することになる。

　特定のタイプのパーソナリティ障害やアスペルガー障害などは責任能力に影響を及ぼさないとする考え方もあり、それらの精神障害が犯行に影響を及ぼしたことを有利な事情として主張するかどうか悩む事案もある[*120]。

　アスペルガー障害であってもその症状（派生症状を含む）によっては、心

[*119] 五十嵐禎人編『刑事精神鑑定のすべて』（中山書店、2008年）15頁。精神科医の立場からも、責任能力がある場合であっても「③『障害されていた』（より正確にいえば、『著しくない程度に障害されていた』）、④『障害されていなかった』」と分類すべきとの意見もある。なお、岡田幸之「刑事責任能力再考──操作的診断と可知論的判断の適用の実際」精神経誌107巻9号（2005年）930頁によれば、「障害されていない」と司法精神医学的に判断される領域においても、臨床的には障害がある場合と、臨床的にも障害がない場合があり、前者は、「医療刑務所などの処遇が考慮される可能性はある」とする。

[*120] 三好幹夫「責任能力判断の基礎となる考え方」『新しい時代の刑事裁判（原田國男判事退官記念論文集）』（判例タイムズ、2010年）252頁。「実務上の経験からごく大雑把にいえば、ＩＣＤ－10の分類でいうと、非社会性人格障害（F60.2）、行為障害（F91）などでは、責任能力に問題があるとみられることはほとんどないが、統合失調型障害（F21）、急性一過性精神病性障害（F23）、成人の人格及び行動の障害（いわゆるパーソナリティ障害、F6）、広汎性発達障害（F84）などでは、事案の具体的内容いかんということになるように思われる」。

神耗弱と判断されることもある＊121。

　よって、統合失調症やうつ病等のいわゆる精神病でないとしても、精神科医等の専門家の意見書・証言等で、被告人の精神症状が犯行に与えた影響が立証できるのであれば、責任能力が低下していたと主張・立証することが基本となろう。

　弁識能力又は制御能力が障害されていたとの証拠がない場合には、次に述べる2、3の視点から有利な事情と構成できないかをさらに検討することになろう。

2　経緯・動機・治療機会の有無等

　被告人の犯行に至る経緯、動機及び治療機会の有無等と関連して量刑上評価される裁判例もある。

　下記の大阪高裁判決では、弁識能力又は制御能力が障害されていたかどうかについては触れず、「本件の経緯や動機形成過程へのアスペルガー障害の影響

＊121　宮崎地判平成25年7月29日「アスペルガー障害自体は、暴力的な犯罪と結びつくわけではなく、その障害に見られる3つの特徴は、程度の差こそあれ、健常者にも当てはまる傾向といえる。そして、上記のとおり従前の被告人のアスペルガー障害自体は軽度であったと考えられ」る。「しかしながら、改めてその二次的問題の影響、とりわけ被告人の被害的な思い込みについて考えると、判示のとおり、被告人は、祖父が入院した平成24年1月頃からアスペルガー障害の二次的な影響が強まり、物事を被害的に受け取って感覚が過敏になる傾向が顕著になって、些細な出来事を被害者による嫌がらせと受け止めるにとどまらず、町中が自分を監視しているなどとも感じ、自殺も考えるまでに追い詰められたのである。このような本件犯行当時における被告人の思い込みは、病的な妄想ではなく、医学的に例えばうつ病といった診断がつく状態でないというにしても、本件においてみる限り、常識的に考えて異常なものであり、責任能力の判断に当たり、二次的問題の影響により追い詰められた被告人の精神状態は、本人なりに対処しようと努力したとはいえ、そこから抜け出せ得ないもので、このような流れの中では、むしろその状態を重くみていくべきではないかとも考えられる。その上で、被告人が本件犯行に及んだ動機形成の過程についてみると、その内容は、結局被害者の嫌がらせという一方的な被告人の強い思い込みが中心となっており、アスペルガー障害の二次的問題が放置されていなければ、本件のような犯行は起きなかったであろうといえる。したがって、その二次的問題による被告人の異常な思い込みが、本件犯行に至る一連の被告人の思考、判断、行動に強く関係し、本件犯行を方向付けたことは否定し難い。（中略）以上のようにみると、本件当日の被告人は、前記のような異常な思い込みに全体として強く影響されていた中で、その余のアスペルガー障害の二次的な問題も相まって、高まった衝動性を抑えることができず、自分の行動をコントロールする力が著しく低下していたのではないかという見方にも合理性があるといえ、少なくともその疑いが残るというべきである」。

の点は本件犯行の実体を理解する上で不可欠な要素であり、犯罪行為に対する責任非難の程度に影響するものとして、犯情を評価する上で相当程度考慮されるべき事情と認められる」と判断している。

　精神障害が事件の経緯や動機形成過程へ影響している場合には、責任非難の程度に影響し、犯情を評価する上で被告人に有利な事情とされる。

大阪高判平成25年2月26日

　殺人／判決：懲役14年（原審：懲役20年）

　原判決が本件犯行の経緯・動機について、アスペルガー障害の影響があったことは認められるが、これを重視すべきではないと説示している点は是認できない。

（中略）

　以上のとおり、被告人が被害者の善意の行動を逆に嫌がらせであるなどと受け止め、これが集積して殺したいと思うほど恨むようになり、<u>本件犯行に至ったという経緯や動機形成の過程には、意思疎通が困難で、相手の状況や感情、その場の雰囲気などを推し量ることができず、すべて字義どおりにとらえてしまい、一度相手に対して敵意を持つに至るとこれを修正することが困難であり、これにこだわってしまうといったアスペルガー症候群特有の障害が大きく影響していることが認められる。</u>

（中略）

　しかし、上記のような<u>本件の経緯や動機形成過程へのアスペルガー障害の影響の点は本件犯行の実体を理解する上で不可欠な要素であり、犯罪行為に対する責任非難の程度に影響するものとして、犯情を評価する上で相当程度考慮されるべき事情と認められる。</u>そうすると、原判決が本件犯行に関するアスペルガー症候群の影響を量刑上大きく考慮することは相当ではなく、本件の犯情評価として、被告人に対しては長期の服役が必要不可欠であると説示し、本件が殺人罪の中でも特に重い類型に属すると評価している点は、本件犯行の実体を適切に把握せず、被告人の責任非難をその

限度で減少する方向に働く重要な量刑事情の評価を誤ったものといわざるを得ない。<u>本件の経緯や動機形成過程におけるアスペルガー障害の影響を正当に評価すれば、本件は殺人罪の中でも標準の上限周辺か、あるいはやや重い類型の下限周辺に属する事案とみるのが相当である。</u>

下記の千葉地裁判決では、生活環境や経緯等が被告人に有利に考慮されているが、情緒不安定性パーソナリティ障害は、いわゆる精神病ではなく、「刑を大きく減軽する」事情とはされていない。

しかし、いわゆる精神病でなくとも責任能力や動機・経緯に影響を与える場合はあり、具体的症状と犯行との関係性から、責任非難の程度について判断するべきだと思われ、「人格・性格の偏りの問題」であり、それ自体を被告人に有利な事情として考慮しないという趣旨であれば賛同できない。

千葉地判平成22年9月7日

殺人／判決：懲役9年、求刑：懲役13年

被告人が情緒不安定性パーソナリティ障害になったことにも、被告人の上記のような生育環境が影響している可能性がある。そして、本件殺人の直接のきっかけとなった被害者の被告人に対する言動は、その内容が検察官又は弁護人のいずれが主張するものであれ、被告人の生育環境が恵まれたものでないことについて、被害者に一定の責任があることを考慮すれば、不適切なものであるといえる。そして、被害者のそのような言動が、被害者に対し様々な思いを持っていた被告人に対し、強い情緒的動揺を与え、被告人がパーソナリティ障害を有していたこともあって、一気に殺意を生じさせたと考えられ、そのような側面は被告人のためにある程度考慮するのが相当である。

とはいえ、<u>情緒不安定性パーソナリティ障害は、いわゆる精神病ではなく、人格・性格の偏りの問題であり、被告人が17歳で実家を出て独立してから本件殺人までに約25年が経過し、本件殺人当時被告人が42歳であ</u>

> ったことからすれば、被告人には、その期間に、被害者に対する思いを整理・解消し、自らのものの見方や考え方に偏りがある場合には、それと向き合って責任ある行動をとれるようになることが求められるというべきである。また、本件殺人のきっかけとなった被害者の言動は、上記のとおり、不適切なものではあるが、殺意を生ぜしめるような内容ではない。
> 　したがって、本件殺人に至る経緯や被告人の精神障害を、被告人に科す刑の重さを決める上で重視し、刑を大きく減軽することは適当でない。しかし、上記イのとおり、本件殺人に至る経緯及び被告人の情緒不安定性パーソナリティ障害のいずれにも被害者が一定の責任を有する本件においては、これらの事情は、刑の重さを決める上で、ある程度酌むべき事情といえる。

　パーソナリティ障害であったとしても、動機形成や犯行態様に影響がある場合には、下記の福岡高裁宮崎支部判決のように被告人に有利に考慮すべきである。

> **福岡高宮崎支判平成23年5月26日**
> 　傷害致死、傷害／判決：懲役4年（原審：懲役6年）
>
> 　被告人の不遇な生い立ち、被告人の人格傾向や考え方の偏りが、被告人の量刑を決める要素として、どの程度の重要さをもって考慮すべきかについては、議論のあるところであり、それほど重視すべきでないとする意見も傾聴に値するものもあるが、本件においては、それが、単に一般情状にとどまるものではなく、本件における動機形成や犯行態様に直接影響しており、これは、犯情として量刑判断上の重要な要素となるものと解すべきである。そして、前記で認定した事実によれば、本件においては、被告人の刑を軽くする大きな要素と考えられるところ、原判決は、その評価を誤り、過小に評価したといわざるを得ない。

　飲酒及び薬物の摂取等の事情は、過去の経緯とあわせては、量刑上マイナス

に評価されることも多いので当該事情を量刑事情として積極的に主張・立証するかについては慎重に検討する必要がある。[122][123]

宮崎地判平成22年7月26日

　殺人未遂／判決：懲役6年、求刑：懲役6年

　弁護人は、本件が飲酒の影響によるものであることを被告人に有利に考慮すべきであると主張する。しかし、被告人がこれまで少なからず飲酒によるトラブルを起こしてきたこと、それにもかかわらず、犯行当日も自ら飲酒した末に本件犯行に及んでいることに照らせば、これを被告人に有利に考慮することはできない。

東京地判平成22年9月13日

　強盗強姦未遂、強盗致傷、銃刀法違反、住居侵入、窃盗、道交法違反／判決：懲役13年、求刑：懲役13年

　医師によれば、アルコール使用による急性中毒や抗不安薬使用による急性中毒、非社会性パーソナリティ障害は本件犯行に影響を与えた障害であるが、被告人の判断や行動に重大な影響を与えるような精神障害があったとは認められないと判断し、その鑑定は信用できる。

＊122　『量刑実務体系2』（判例タイムズ、2011年）229頁［浅見健次郎］「飲酒あるいは薬物の摂取により、判断能力が低下し、それが責任能力の減退をもたらしたとしても、その間に行われた犯罪行為に対する具体的量刑を考える際には、それが量刑上、被告人に有利に働かず、逆に非難されるべきものとして、加重される要素として働く場合もある。そのような判断能力の低下をもたらした原因が、被告人の自由意思に基づく飲酒あるいは薬物摂取にあり、そこに被告人への帰責の契機の存する場合があるからである」。
＊123　神戸地判平成23年12月14日では、MDMA及びケタミンによって誘発された精神病性障害の影響により心神耗弱の状態にあったとされた被告人につき、妄想は確固たるものではないし違法な薬物を常用していたため生じたことからすると、統合失調症の場合ほど有利に考慮すべきではないとした（殺人、死体遺棄／判決：懲役15年、求刑：懲役22年）。

また、被告人は自らがアルコール及び薬物を摂取すると粗暴犯や性犯罪に及ぶ危険があることを知っており、実際に事件を複数回起こしている以上、これを被告人に量刑上有利な事情として考慮することはできない。

　過去の裁判例を見ると、被告人の精神障害が事件に影響したこと以外に、適切な治療機会が与えられたかどうかについて着目し、これが与えられていない点を被告人に有利な量刑事情とするものもある。逆に、治療機会があったにもかかわらず、それを活かさなかった点を非難する裁判例もある。

　治療等の機会がないことそれ自体をあたかも被告人のハンディキャップのように有利な事情と考慮する裁判例もあれば、今後、適切な治療等の機会が提供されることを前提として再犯可能性の減少要素として被告人に有利に考慮される場合もある。

　もっとも、治療機会が与えられていたかどうかは経緯の点で考慮される例が多いが、犯情レベルで重視すべき事情とはされていないように思われる。

　なお、下記のさいたま地裁の事例は、裁判所において情状鑑定が採用された数少ない事例である。

さいたま地判平成22年9月22日
　強盗致傷／判決：懲役3年執行猶予5年、求刑：懲役4年

　情状鑑定によれば、被告人の知能、資質、性格及び犯行に至る心理過程等は次のようなものである。すなわち、被告人は、軽度精神遅滞の知的障害を有している。学校でのイジメなどもあってストレスの多い生活環境にあったことから、失敗など不快な気持ちに対しては、余り深く考え込まず、軽く受け流してしまう傾向が顕著である一方で、几帳面さ、律儀さ、徹底的、熱中的といった粘着的な性格をも有している。価値観、人格特性等は反社会的でなく、犯罪常習性は強くない。被告人の両親は、被告人の言語的知能が比較的高かったことから、被告人の知的障害に対する理解が十分ではなく、被告人に対する有効適切な助言、援助が不足していた。そのような中、被告人は、好意を抱いていた女友達に対し、食事代の名目で金銭

を支払う約束をし、さらにその女友達とメールのやりとりをするうち、支払をすることによって女友達を助けたいとの思いも抱くようになった。そして、支払期限が間近に迫り、約束を守らないといけないという焦りや切迫感を抱いて心理的に追い詰められ、現実的な検討能力の低さも相俟ち、目の前にある財布を見て機会的、急性的に本件犯行に至った、というのである。このように、本件犯行前には、知的障害を有する被告人に対する指導、助言が適切にされていなかったのであり、それが本件犯行に影響していることは否定できないところであるから、この点は被告人に有利に斟酌されるべきである。

山形地判平成22年9月8日
住居侵入、殺人、強姦致死、窃盗／判決：懲役30年、求刑：無期懲役

本件が検察官の指摘した事例と比較して悪質とまではいえないこと、被告人に精神発達遅滞の障害があり、すでに指摘したように本件に影響を与えたとみられ、この障害に対してはこれまで医療的、社会的な援助がされたとはうかがわれず、今後このような援助によって被告人が更生する可能性がまったくないとはいえないことを考慮すると、被告人に対しては、更生の最後の機会を与えるため、主文の有期懲役刑をもって臨むのが適切である。

東京地判平成23年9月13日
殺人未遂、銃刀法違反／判決：懲役8年、求刑：懲役12年

被告人は、本件当時、このような追い詰められた精神状態にあって、自分の行動を抑制する能力が低下していたと考えられる。また、妄想性パーソナリティ障害そのもの、あるいは、これと問題に直面したときの社会的な対応能力の低さとがあいまって、短絡的に被害者を殺そうと考え、犯行に及んだとみることができる。いずれにしても、これらは被告人の気質だけでなく、両親はいるものの、幼少期から家に一人でいることが多く家庭

の温かさを感じずに育ち、学校でもいじめに遭うなどして家に引きこもっていたため、十分な社会性を身につけられていなかったという環境要因に負うところが少なくないから、結局、本件犯行には、全面的に被告人のみを責めることができない面がある。

大阪地判平成24年12月21日
　強盗殺人、窃盗／判決：懲役18年、求刑：懲役30年

　本件は、被告人が、落ち度のない被害者に対し、強い殺意をもってその首を包丁で多数回切りつけて即死させたという事案であり、特に、殺害方法の執拗さや残忍さの点で、極めて凶悪な犯行というほかない。
　一方、被告人は生まれつきのアスペルガー症候群にかかっており、そのことが、前記認定のようなやや特異な考え方や行動に影響を及ぼしたことは間違いない。また、本件は、利欲目的で人を殺害する典型的な強盗殺人事案とは異なる上、計画的犯行ともいい難い面があり、むしろ、その実質はとっさの殺意に基づく殺人事案に近いと見ることもできる。そして、被告人が、父母を相次いで亡くすなどして不幸な境遇に置かれ、周囲に被告人の障害に気づく人もいなかったため、適切な指導や助言を受けられなかったことなどについては、被告人のために同情すべき点が認められる。しかしながら、本件犯行自体は短絡的で身勝手といわざるを得ないし、被告人は、人を殺すことが許されないことを分かりながら、自分の判断で被害者を殺害したのであるから、上記のような重大な罪を犯したことにつき、それに見合った処罰は受けなければならないと考える。

　治療を中断した事情等を理由に、弁護人の責任能力が低下していたとの主張が排斥される事案もある。

千葉地判平成23年3月10日
　殺人／判決：懲役12年、求刑：懲役14年

なお、弁護人は、被告人がアルコール依存症に罹患したことが本件犯行につながったことや、犯行時泥酔状態で、自分の行動をコントロールする力が弱まっていたことを被告人に対する刑を決めるに当たって有利に考慮すべきであると主張する。しかしながら、被告人は、以前から自分がアルコール依存症であると理解し、一度は通院治療を受けて断酒していたのであり、その経済状態や生活状況等を考えても、立ち直りの意思があれば、再び通院し治療を受けることが可能だったというべきである。また、被告人に対する精神鑑定の結果等からしても、被告人が本件に及んだことに飲酒の影響がないとはいえないが、その程度は軽度にとどまり、この点を、被告人の犯行の突発性や犯罪傾向とは別に、取り立てて評価するべきとも考えられない。そうすると、弁護人の主張するような事情を殊更被告人に有利に酌むことはできない。

3　一般情状

被告人に精神障害があるが、事件に与えた影響がない場合、一般情状として精神障害の存在が有利な事情として主張されることがある。事件に与えた影響がなければ、インパクトのある量刑事情とはならない。

もっとも下記の千葉地裁の判決でも、「大きく考慮される事情」ではないとされているので、一般情状として意味を持つようには思われる。

> **千葉地判平成22年2月24日**
> 　傷害致死／判決：懲役8年、求刑：懲役8年
>
> 　弁護人が指摘するとおり、被告人は軽度精神発達遅滞であることが認められる。しかし、X大学で講師を務めるY医師の証言によれば、被告人が本件犯行に及んだことについて、軽度精神発達遅滞であったことが直接影響しているとは認められず、この点は、量刑上、大きく考慮される事情とはならない。

4　再犯リスク・反省なしとされるリスク

　精神障害の影響により法廷でうまく反省が表現できなかったり、精神障害の影響により犯罪行為の問題点が理解できない場合がある。

　被告人の反省は、内心の問題であるがゆえに見極めることは困難であるし、特別予防の必要性やその程度を推知させる一事情に過ぎないものであり、そもそも反省がないことを被告人に不利な事情として量刑上大きく考慮すべきではない[*124]。精神障害の影響により、反省がうまく表現できない場合はなおさら、不利に考慮されるべきではない。

　しかし、現実問題として、法廷で被告人の言動が反省のない様子と感じられるものであった場合、再犯可能性が高いとされたり、反省すべきだと、量刑上、不当に不利に考慮される場合もある。そのような心証を持たれないためにも、被告人の言動には精神障害の影響があり、その点を責められないことや、将来の治療計画及び社会復帰のための具体的なプログラムを立証して、証拠に基づかない再犯リスクへの不安を除去する必要がある。

大阪地判平成24年7月30日

　殺人／懲役：20年、求刑：懲役16年

　被告人は、本件犯行を犯していながら、未だ十分な反省に至っていない。確かに、被告人が十分に反省する態度を示すことができないことにはアスペルガー症候群の影響があり、通常人と同様の倫理的非難を加えることはできない。しかし、健全な社会常識という観点からは、いかに精神障害の影響があるとはいえ、十分な反省のないまま被告人が社会に復帰すれば、そのころ被告人と接点を持つ者の中で、被告人の意に沿わない者に対して、被告人が本件と同様の犯行に及ぶことが心配される。被告人の母や次姉が

＊124　前掲注117『裁判員裁判における量刑評議の在り方について』67頁「被告人が反省していない場合であっても、それ自体で直ちに重い刑を科すことは、黙秘権の保障との関係や、刑法が思想や内心それ自体を処罰するものではないことからして問題がある」。

被告人との同居を明確に断り、社会内で被告人のアスペルガー症候群という精神障害に対応できる受け皿が何ら用意されていないし、その見込みもないという現状の下では、再犯のおそれが更に強く心配されるといわざるを得ず、この点も量刑上重視せざるを得ない。被告人に対しては、許される限り長期間刑務所に収容することで内省を深めさせる必要があり、そうすることが、社会秩序の維持にも資する。

犯行時の状況について記憶がない事案も少なくない。

飲酒の影響により記憶が欠落した点が考慮され、反省なしとの評価に繋がらなかった事例もある。下記の高松地裁判決では、記憶が欠落している理由は飲酒の影響等だとされ、反省が一定程度評価されているが、下記の熊本地裁判決の事例では、被告人の供述態度等から「被告人には、本件各犯行を自己の犯罪として直視し、これと真摯に向き合う姿勢が欠けている」と評価されている。

記憶がないという状況に理由があること、そしてその他の事情で反省していること（あるいは精神障害の影響でうまく反省が表現できないこと等）が理解されるよう主張立証が必要となる。

高松地判平成22年9月17日

　殺人未遂、銃刀法違反／判決：懲役4年、求刑：懲役8年

　被告人の反省状況や更生の可能性等についてみると、㋐被告人は、本件犯行状況について真実とは異なる供述をしていると認められ、そこには自己の刑事責任を軽くしたいという心理が働いていると想像できはするものの、同時に、飲酒の影響等によって記憶が欠落していることも少なからず影響しているとも考えられるのであり、論告で指摘されているように、真剣に反省していないとまではいえない。それに、拙いものではあるが謝罪文を送付するなど、被告人なりに反省の気持ちを表しているというべきである。

> 熊本地判平成22年10月8日
> 　強姦、建造物侵入、強盗強姦、窃盗／判決：懲役12年、求刑：懲役12年
> 　被告人は、各犯行について聞かれても、記憶が無いので答えようがない旨を繰り返し述べるだけであって、犯行から1年以上が経過した現在まで、積極的に各犯行を省みようとしたことは窺われない。また、被告人は、今後すべきことについて聞かれた際も、被害弁償のほか、酒を飲まず、病気の適切な治療を受けることである旨の発言に終始し、犯行の原因が飲酒と薬の過剰摂取のみにあるかのような態度を取っている。これらの事情からすれば、被告人には、本件各犯行を自己の犯罪として直視し、これと真摯に向き合う姿勢が欠けているといわざるを得ない。

Ⅲ　立証の工夫

　被告人の精神障害の有無や、精神障害の症状が犯行に与えた影響の有無・程度等については、精神科医等の専門家の証言により立証する必要がある。
　有利な鑑定書がある場合でも、鑑定書の朗読では十分に理解できないこともあるし、そもそも鑑定書は量刑事情として整理されているものではないから、それを朗読したとしても有利な量刑事情として理解することは難しい。
　そこで、鑑定人尋問が第一次的な選択となる。
　なお、有利な鑑定がなく、弁護人が依頼した医師の証言等により立証する場合もある。私的鑑定は、量刑上の問題に尽きるものではないが、その利用方法等について本書第6章を参照されたい。

Ⅳ　弁論の工夫

1　弁論の在り方

　量刑事件では、できるだけたくさんの有利な事情を挙げ、寛大な判決を求めるというタイプの弁論が肯定的に評価される時代もあった。

しかし、特に裁判員裁判では、そのような弁論は全く評価されない[*125]。

裁判員裁判の弁論では、量刑評議の在り方を念頭に置き、本件事件の社会的類型、責任の幅を意識し、一般情状等も考慮した上で、相当な刑について具体的に述べることが求められる。

2　責任の幅を想定する場合の留意点

裁判員裁判では、行為責任主義に基づく量刑評議がなされる[*126][*127][*128]。

具体的には、犯情で刑の大枠が決まり、その他の一般情状が調整要素と位置づけられる。法定刑が幅広いために、犯罪の社会的類型をイメージして、過去の量刑傾向を参照して責任の幅を把握する作業が行われる。この責任の幅を把握する際に、一つの資料として利用されるのが最高裁の裁判員裁判量刑検索システムである。

もっとも、現在の量刑検索システムには、心神耗弱の検索条件はあるが、心身耗弱に至らないが精神障害が犯行に影響を与えた場合という検索条件はない（なお、当初は心身耗弱の検索条件もなかった。）。

そうすると、精神障害の影響を度外視してまず犯情等により責任の幅を把握し、その後に精神障害の影響を考慮する方法もあり得るところである[*129]。

しかし、犯行態様や結果という客観面を中心とした犯情で刑の幅を検討し、調整要素として精神障害の影響等を考慮するやり方では、本来的な責任の幅よりも重い枠を設定してしまう可能性がある。やはり、心神耗弱と判断された場

---

* 125　趙誠峰「『量刑評議の在り方』から弁護戦略を考える」季刊刑事弁護80号（2014年）48頁「旧来の司法研修所型の量刑弁論は有害無益である」。
* 126　最一小判平成26年7月24日刑集68巻6号925頁。
* 127　菅野亮「量刑評議の在り方と実務の現状」季刊刑事弁護80号（2014年）34頁。
* 128　前掲注117『裁判員裁判における量刑評議の在り方について』、「特集　裁判員裁判における量刑と弁護活動　『座談会　量刑評議を適切かつ充実したものにするために〔合田悦三発言〕』」季刊刑事弁護80号（2014年）17頁
* 129　東京地判平成22年12月2日（殺人／判決：懲役18年、求刑：懲役20年）。妄想性障害により心神耗弱であることは争いがない事案で、次のように判示されている。「まず、検察官の主張する本件犯行の客観的な側面に焦点を当てて量刑の大枠を設定し、次いで、妄想性障害の影響を中心にした被告人の主観的側面を考慮しながら具体的な量刑を絞り込むという検討手順が合理的と判断した」。

合には、下記の大阪地裁判決がいうように、通常とは別の責任刑の幅の中で刑を量定することが相当である。

> 大阪地判平成23年10月4日
> 　現住建造物等放火／判決：懲役3年、求刑：懲役6年
>
> 　本件では、被告人が罹患していた統合失調症が犯行にどの程度の影響を与えたのか、その影響が通常とは別の責任刑の枠の中で被告人の刑罰を考えなければならないほど大きなものであったのか（要するに心神耗弱といえるのか）という点が争点である。

そこで、社会的類型の中からさらに心神耗弱や精神障害の影響があるケースの平均的な分布を把握する作業をすることで、精神障害の影響を適切に評価した責任の幅を想定することも可能であろう（心神耗弱に至らない場合の評価は困難であるが、心神耗弱の事例の責任の幅が想定できるのであれば、そこと通常人の責任の間に位置するといえる場合はあると思われる。）。

精神障害は、動機だけでなく、犯行意欲や犯行態様全般に影響を及ぼすことも多い。精神障害の影響ゆえに強い殺意のもと執拗で残虐な犯行態様になる場合がある。そのような場合、精神障害の影響を度外視して、行為態様が残虐であるとか、執拗であるという評価をして責任非難をすることは行為責任主義の観点からも妥当ではない。
　鑑定医の証言等で精神障害が動機だけでなく行為全般へ影響していることを証言してもらい、通常の人と同じ意味で犯行態様の評価をすべきではないと論じる必要がある。

（菅野　亮）

●精神科医・カウンセラーと弁護人との協働①

精神科医の立場から

私的精神鑑定の意義と限界

髙田　知二

精神科医

1　はじめに

　私は、これまで幾つかの私的精神鑑定に従事し、それらを基にその意義について考え、論考を試みたことがある（髙田知二・高岡健・金岡繁裕「私的精神鑑定の意義」臨床精神医学36号〔2007年〕1075-1081頁）。こういった経験から、私的精神鑑定、および精神鑑定全体に対して普段から思っていることを記してみたい。

2　私的精神鑑定の意義と利点

　まず、私的精神鑑定の意義である。私のこれまでの経験では、精神鑑定が当然行われて然るべきと考えられる事件であるにもかかわらず、それがなされないまま審理が進められた場合が多々ある。起訴前に簡易鑑定すら行われていないものもあれば、第一審ではそもそも責任能力が何ら問題にされないまま控訴審に進んでしまったものもあった。こういった中、どこかの段階で弁護人が被告人の責任能力に疑義を抱いた場合、それを根拠づけるためになされる私的精神鑑定の要請には意義がある。

　たとえ、起訴前に簡易鑑定が実施された場合でも、それは一般に被疑者との面接が短時間であり、十分な精神医学的診察ができていないものもしばしば目にする。鑑定医がそれを補うべく捜査段階での供述調書を利用すると、これは1人称で書かれているため、あたかも被疑者自身が犯行やその動機をそのよう

に語ったように読めてしまい、えてして完全責任能力という判断に傾きがちである。弁護人は、そういった簡易鑑定に問題があると考えた場合、裁判所に対して本鑑定が必要であると主張することになるが、その主張を根拠づけるためにも私的精神鑑定の実施は意義がある。

　もし、私的精神鑑定の結果が簡易鑑定の結果と対立するようなものであれば、なおさら本鑑定の必要性が議論されて然るべきである。というのも、例えば、記憶、見当識に問題があるような認知症や意識障害が疑われる場合、短時間の1回だけの面接では十分な判断ができないことがしばしばだからである。そういった場合、時間をおいて面接を繰り返したり、普段の様子を家族から聞くなどして精神状態を詳細に把握していくといった作業が必要になる。私的精神鑑定では、公判のスケジュールにある程度は制限されることはあっても、被告人と複数回の面接を重ねることが可能であり、了解が得られれば家族とも面接をすることができる。こういった点は、簡易鑑定よりも私的精神鑑定の方が有利だといえる。

　ましてや、詐病が疑われる場合、1回だけの面接では、そこによほどの不整合性、不自然さを感知できなければ、鑑定医はそれに気づかず、面接内容を整然とまとめてしまう恐れがある。複数回の面接を行うことができれば、毎回の面接内容に矛盾はないか、齟齬はないかを検討し、もしそういったものがあれば、それについて被鑑定人に説明を求めることができる。詐病の診断ではこういった作業が不可欠である。

3　私的精神鑑定の限界〜鑑定環境の改善の必要性

　勿論、私的精神鑑定には困難も伴う。まずは面接の方法に制約があることである。裁判所の理解が得られないと、被鑑定人との面接は拘置所職員が立ち合うアクリル板越しの一般面会室にて短時間しか行うことができず、十分な面接ができない。この場合、何度も面接を行うことになるが、病院での診療という日常業務の合間に拘置所に足を運ばねばならず、鑑定人にとってはかなりの負担になる。こういったことも、私的精神鑑定に従事する精神科医が増えない理

由になっているものと推察される。

　このような事情を汲んでくれてのことであろうが、私的精神鑑定を依頼する弁護人から、質問事項を作成してくれれば代わりに面接を行ってくるといった申し入れを受けたことがこれまでに何回もある。これは駄目である。被疑者/被告人の供述調書もそうであるが、精神科医以外が記載したものから精神状態を把握することは極めて難しいのである。というのも、そこには常識というものが介在し、聞いている話しの内容を辻褄を合わせて理解しようという無意識の操作が働いてしまうからである。一見矛盾なく話していたとしても、何らかの精神症状を窺わせるような発言があると、われわれはそこに立ち止まり、話しを深めていく。普段の生活では、あれっと思ったことにいちいち目くじらを立てていたら、人間関係はぎくしゃくしてしまう。そういったものは、自分でも気づかない内に無視してしまうことになる。しかし、精神科医は敢えてそれを行うのである。何をあれっと思うか、それを背後で支えるのが精神医学であり、精神病理学である。若い精神科医はこういったものを勉強しながら患者の面接を行い、どういった時に何をどのようにして尋ねるかを学んでいく。そして、そこから自分なりの面接のやり方を築いていくのである。精神医学的面接とはこのようにして身に付けていくものであり、他者に代理を頼めるようなものではない。

　話を元に戻すと、被鑑定人との面接は、アクリル板越しの一般面会室にて行わなければならないと必ずしも決まっているわけではない。私のこれまでの経験では、弁護人から拘置所に申し入れがなされ、1回あたり約1時間の面接時間を確保することができた場合がある。また、弁護人が裁判所へ精神医学的知見を援用する必要性を申し入れたところ、理解が示され、本鑑定と同じ環境（アクリル板はなく、立会人もいず、時間制限もない）で鑑定を行うことができたこともあった。一度は、被鑑定人が警察署に勾留されていたため、弁護人が警察署に申し入れをしたところ、土日を利用して面接を行うことができた。いずれにせよ、今後、弁護人のみならず、裁判所が私的精神鑑定の意義を認めることにより、実施環境が改善されることが望まれる。

　とはいえ、私的精神鑑定と本鑑定との大きな差は、被鑑定人を病院へ連れて

行くことができないため脳波や頭部MRI・CTといった臨床検査を行うことができないという点にある。加えて、ウェクスラー成人用知能検査（WAIS-III）のような心理検査を行う時間的余裕がないこともしばしばである。こういった検査が鑑定に不可欠だと考えれば、そのことを鑑定書に盛り込むことで、裁判所に本鑑定の実施を促すことも必要になってこよう。

4　私的精神鑑定は中立に真理を探究するものであること

　このようにして鑑定書を作成しても、検察側がそれを証拠として採用することに同意する可能性は低い。そうなると、私的精神鑑定人は法廷で証言をし、それに対する尋問を受けなければならなくなる。ここで注意しておきたいのは、責任能力についての争いは決して検察官と弁護人との争いではなく、ましてや鑑定人同士の争いではないという点である。これは当たり前のことではあるが、実際にはなかなか悩ましいところがある。私の経験の中でも、弁護人からの推薦で裁判所から命じられ本鑑定を行ったところ、結果は弁護人ではなく、検察官の主張を支持するものとなったことがある。自分の診断は間違いではないかと大いに悩んだ。そして、自分の正しいとする精神医学的診断に基づき鑑定書を作成し、法廷での尋問に臨んだのは当然であるにしても、そこへ至るまでに大変な労苦を味わったことを思い出す。真理を追究する以上、こういったことは起こりうる。そういったことを踏まえての鑑定依頼であってほしい。

5　おわりに

　以上、思いつくまま私的精神鑑定を中心に精神鑑定について日ごろ思っていることを述べてみた。より詳しくは拙著『市民のための精神鑑定入門──裁判員裁判のために』にて展開しているので、ご興味があれば手に取っていただければ幸甚である。

（たかた・ともじ／岐阜県立多治見病院）

●筆者プロフィール

髙田知二（たかた・ともじ）　岐阜県立多治見病院精神科部長。1962年生まれ。1986年京都大学理学部を卒業し、1991年名古屋大学医学部を卒業。岐阜大学医学部神経精神科に入局し、岐阜赤十字病院精神神経科医師、共立菊川総合病院精神科医長、岐阜大学医学部附属病院精神神経科講師などを経て、2009年からは現職。専門は、精神医学・精神医療一般、精神病理学、司法精神医学、老年精神医学、総合病院精神医学。

　主な著作に、『市民のための精神鑑定入門——裁判員裁判のために』（批評社、2012年）などがある。

精神科医・カウンセラーと弁護人との協働②
臨床心理士の立場から
臨床心理士が私的鑑定に関わる意義

長谷川　博一

臨床心理士

1　鑑定業務が極めて多岐多忙であること

　まず現状であるが、一部の臨床心理士に、精神鑑定医の委託によって心理検査等を行い、検査レポートを書く人がいる。それを鑑定医が自らの精神鑑定書に書き加えることになるのだが、ほとんどの場合、モザイク的に挿入されているのみで、鑑定結果に影響を与えていることはない。

　私は、単独で鑑定を引き受け、調査、書類（鑑定書・意見書）の作成、法廷での証言までを一人で行っている。そのような臨床心理士が少ないのは、臨床心理士による鑑定がありうることの知識が共有されていないことが主因であろう（弁護士にそのアイデアを持つ人が多くないのではないか）。この仕事がリスクを伴い、仕事に応じた対価が十分でないこともあり、こうして、鑑定を行う臨床心理士が圧倒的に少ないという事態を招いている。私のところに、全国の弁護士から「この地方で鑑定をしている臨床心理士を紹介してほしい」という要請が多々入るが、「知らない」と答えざるを得ない。

　臨床心理士による鑑定では、その分析材料は、心理・性格・発達等の検査、面接での聴取、その他資料（実際には、裁判資料のすべてを読むことは時間的にも困難であるが）、が中心である。

　責任能力の有無を判定する精神鑑定とは異なり、調べる範囲が非常に広いという印象を持っている。特に、検察段階で行われる簡易鑑定であり、診断マニュアルに照らし合わせ、精神病性障害（統合失調症が代表的）の症状が見られ

ないか、あるいはそれによって生じた犯行ではないということを記し「責任能力あり」との鑑定主文に至るものと比較すると、対照的である。職権による精神鑑定と比べても、以下の点で調査範囲は広いものとなる。

　知的・発達障害（先天的特徴）の有無、程度のアセスメントは避けられない事項である。また解離性障害や適応障害、PTSDといった、成育史・生活史と深い関連を持つ障害については言及が避けられない。この場合、責任能力との関わりも検討されるべきだと常に悩まされるのだが、強く主張できないジレンマ（診断行為は法的に医師にのみ認められているため）に陥る。ちなみに、これまで裁判で診断名を用いたことで問題とされたことはない。

　成育史の聴取りには、相当長期を要し、家族からの聴取りや社会記録等の精査も必要だが、協力が十分に得られなかったり、必要な資料が入手できなかったりすることもある。この段階では、依頼主である弁護人との連携が重要となる。ただし、弁護人とあまりにも近い位置で鑑定を行うと、検察官や裁判所に「中立な立場で行っていない」との心証を抱かせかねない（私的鑑定であるので、仕方がない部分もある）。弁護人依頼であっても、鑑定面会には弁護人は同席しないほうがよい。

　通常の裁判では、被告人の自覚（意識できること）していることを扱うが、臨床心理学的面接では一般的に、意識されていない（心的防衛機制によって生じる現象である）深層心理も扱うため、この概念について、法律家に理解されるための記述と説明が難しい。裁判員裁判においては尚更である。

2　鑑定事項と鑑定の活用方法

　鑑定事項として求められるのは、「動機」と「犯行時の心理」が二本柱である。だが、動機は前述した意識水準の各層に散らばっており、それらが輻輳している。たとえば、幼少期の被虐待体験によってもたらされた潜在的怒りや感情の遮断（解離）が、事件前のトラブルを機に行動化されることが多いのだが、前者を法律家は重要視しない。発達障害者は、幼少期から不適切な環境に置かれやすく、二次的な心的外傷体験によりパニックを生じやすくなるのだが、パニック中の行動制御力の低下がほとんど理解されない。いわゆる「犯罪心理鑑定」

とは、成育史との関連性を分析する点で特徴的なのである。

　被告人と面会・対話をしていると、調書に記された内容との乖離の激しい箇所がしばしば気になる。たとえば質問に対する回答能力に疑問のあるケース（知的・発達障害など）において、明確に自己説明しているところは、取調べ時の誘導や（検察官による）作文を疑わせる。元来の自信のなさや拘束された非日常的な生活、取調官対被疑者という上下関係が、迎合性を一層高めるために、供述の歪みは非常に生じやすい。したがって、供述の信憑性も、鑑定の重要事項に含まれることになる。取調べの可視化が議論されているが、仮に警察段階からのDVDがあり、全過程を分析できれば、供述について明確な意見を出せよう。だが、この事項だけでも膨大な一つの鑑定書に相当するものになる。

　私の行う私的鑑定は、弁護人によって情状の主張に利用されることを認識している。それを踏まえると、更生可能性を確かめたり、場合によっては更生に資する働きかけや再発防止の具体的提案を盛り込んだりすることも目指す。むしろ、臨床心理士はカウンセリングを日常業務としているので、更生カウンセリングが活発になされ、その副産物として意見書の提出がなされるという方法も促進すべきでないかと思う（後述）。

　更生に関しては、特に性犯罪者や累犯者の場合、裁判官も関心を抱いている点であろう。私が関わった最近のケースで、拘置所でカウンセリングを実施し、裁判所の判断に影響を与えたと考えられるものがある。最終弁論で被告人がカウンセリングによる自己変容を述べ、裁判所が判決期日を延長し、保釈して私のカウンセリングに通うよう指示したのだった。保釈すれば、十分な時間のカウンセリングが受けられ、更生が期待できるとした裁判所の判断だったと思っている。結果として、判決は求刑を大きく下回るものとなった。

　私的鑑定書は、必ずしも証拠として採用されるとは限らない。大抵は検察官が猛反対する。私の誤った印象かもしれないが、都市部より地方のほうが、検察官と弁護人との意見力に違いが見られ、地方では検察官の意向がすんなりと通りやすい。（都市部でも検察官と弁護人は対等に見えない）。証拠として採用されない場合、証人として出廷する場合があるが、ここでの意見が裁判所の判断に影響を与えるとの実感は、正直、乏しい。

3　裁判所の職権鑑定として採用されにくい現状と、鑑定環境の改善の必要性について

　重大事件であり、かつ責任能力を明確にするための精神鑑定は採用されやすいのに対し、いわゆる「心の闇」（深い動機）を探る目的性を主張するとなると、検察官の請求棄却意見に応じて、裁判所は「必要ない」との決定を下しやすい。「このような（殺人事件ではない）事案で情状鑑定を行うと、全国で多くの事件に鑑定が必要になってしまう」とは、実際に三者協議の場で裁判長が述べた言葉である（私は鑑定候補者として参加していた）。弁護人が、弁護人にも図りかねる動機を専門家に鑑定してもらおうとした事件だったのだが（とりあえず臨床心理士が会い、得た分析を弁護人に伝えることで、弁論の糸口が見い出せることはしばしば耳にする）、裁判所に残る先例主義の根深さを感じた。

　公判前整理手続は、審議の効率化に資するのかもしれないが、その手続が始まる前から私的鑑定を手掛けていた私には、以前のシステムのほうがやりやすいと感じる。というのも、鑑定作業に取り掛かり、しばらくしてから予期せぬ重大な事項が明らかとなり、その段階で証拠請求し、審議期日を設けることが柔軟にできたという記憶がある。

　それはさておき、私的鑑定には甚大なハンディキャップを伴うことは、強く指摘したい。拘置所での一般面会扱いとなり、様々な制約に縛られ、十分な調査ができないのだ。職権による鑑定経験では、被告人の身柄を私の拠点である岐阜に移監することができ、仕事の合間を縫って頻繁に調査することができた。取調べ室を使用し（立会人なし）、対面して被告人と面談ができるため、道具を使った検査も実施できた。調査時間にも制限がなかった。私的鑑定では、これらすべてが大きく制限されるか、禁じられてしまうのである。

　まず鑑定面会に行く際、その都度、拘置所に対して前もって弁護人から私的鑑定の申入書を送る（FAX）のがスタンダードである。入り口では、一般面会者と同様の所持品チェックがなされる。一般面会室で行うため、検査用具の正規使用はできず、代替法として検査用具を差し入れ、口頭指示で被告人に取り扱ってもらうことになる。場合によっては、そのことが検査の信頼性を棄損し

ているとの意見が検察官から出されるかもしれない。なお、弁護人からの強い要請があっても、検査用具の差入れが認められない拘置施設があり、最近の3年に限れば、それは関東地方の2施設だった。他の関西、東海、東北、甲信越、北陸、九州の複数の施設は、可能であった。鑑定面会の時間は、施設によって大きな差があり、地方へ行くほど配慮が大きく、「必要なだけ、無制限」という所もあった。収監される施設によって、被告人の被調査権に偏りが生じることは、法律の素人から見ても不合理に映る。

　都市部で、一般的に許可される面会時間は、概ね1日当たり30分である。この時間の大幅な制限が、十分な調査を阻む最大の壁と言えるだろう。本業を何とか調整しながら、3時間かけて拘置所に出かけ、30分だけ面会し、また3時間かけて帰るという作業を現在も継続しているのだが、士気を高め維持することは鑑定人としての課題となっている。

　職権の鑑定の場合、経費は国費から支出される。私的鑑定の場合は、被告人もしくはその家族に財政的余力があればそこから賄ってもらい、余力がなければ弁護士会からの助成や弁護士事務所のいわゆる「手弁当」ということになり、いずれにしても私としては「仕事に見合うだけ」の報酬を請求しにくい。結果として、私的鑑定のすべてを終えた段階で時間給を計算したとしたら、法で定めた最低賃金を下回ることになるのではないだろうか。臨床心理士が鑑定に取り組みたがらない一因がここにもあるのかもしれない。だが、刑事弁護に携わる弁護士を多く見てきており、その点では同じだろうと思っている。

4　私的鑑定の活用についての試論

　今後の私的鑑定の利用について、一つの提案がある。鑑定事項を絞り、簡易私的鑑定的な事例を重ねてはどうだろう。

　最近私が手掛けた事件では、そのほとんどに高機能発達障害が認められた。高機能であるため、一般には見落とされにくいが、検査や構成的面接を行えば、客観的数値となって表れてくる。その特徴があることを基礎として事件を解析し直すと、見えなかったものが見えてくるものである。

　また最近は、性犯罪等に対する更生的鑑定の依頼が多い。半ばカウンセリン

グであり、事件の根本原因を明らかにするとともに、被告人に深い洞察が生じ、再犯リスクが低下することが見込まれる。

更に、発達障害や解離性障害など、「精神障害」であって「精神病性障害」でないものの中には、臨床心理学的に見て、犯行時の認識や行動制御力が大きく損なわれていると考えられるものがあるが、単に責任能力の問題のみならず、治療上の問題からも、弁護人には積極的に、そのような心理状況を問題提起していって頂きたい。相当数の発達障害者、解離性障害者が被告人の立場に立たされていると想像され、医療上の患者的地位にあるという立場から、事案の解明を試みるべきなのである。

これらピンポイントに絞られた作業は、不適切な調査環境においても、レポート作成に至るまで、私にとってはストレスが随分と軽減されると自覚しており、全国の臨床心理士の活動の一つとして積極拡大していくことが期待される。

5　おわりに

臨床心理士が私的鑑定に関わる意義と、逆に、それがなかなか前に進んでいない現状は既に述べたとおりであるが、このような現状は、どの地域の事件であっても平等に鑑定を受ける権利が侵害されているものであって、正当視しえないものと思う。

弁護士会には、弁護士同士の情報共有や、臨床心理士との意見交換の場を設定することを通じて、そのような状況を改善し、互いに関わりやすい環境を醸成していくことを期待したい。

このことは、当該事件の適切な解決というのみならず、更に進んでは、社会への適切な情報提供、とりわけ特殊な事件が生じる度に短絡的にわき起こる厳罰希望や（厳罰への）法改正に対し、知識を持って抑制的に接するための礎とも言えると考える。

　　　　　　　（はせがわ・ひろかず／一般社団法人こころぎふ臨床心理センター）

●筆者プロフィール

長谷川博一（はせがわ・ひろかず）　臨床心理士。1959年生まれ。名古屋大学大学院博士後期課程中退（1988年）。大学及び大学院教授を歴任後、2012年に退職し、(一般社団法人) こころぎふ臨床心理センターを設立した（代表理事）。専門は、心理療法、犯罪心理（心理鑑定）、子ども虐待・ＤＶ、いじめ、自殺、不登校・ひきこもり、発達障がい、しつけ、等。ユング心理学とミルトンエリクソン技法を軸とした深い心理療法に取り組む。

　主な著作に、『虐待する私を誰か止めて！』（光文社知恵の森文庫、2012年）、『お母さんはしつけをしないで』（草思社文庫、2012年）、『殺人者はいかに誕生したか―「十大凶悪事件」を獄中対話で読み解く』（新潮社、2010年）などがある。

●精神科医・カウンセラーと弁護人との協働③

産業カウンセラーの立場から
DV関連の刑事裁判の現状と課題

谷本　惠美

産業カウンセラー

1　はじめに

　私はこれまで、産業カウンセラーとして、DV・モラルハラスメント（一般に精神的DVといわれるもの。以下、モラハラと記載することあり）の被害者に多く接し、モラハラをテーマにした書籍を数冊出版しました。そのことで、さらにDV・モラハラの被害者のカウンセリングが増え、いつしかその分野が専門のようになっています。

　このような専門性の見地から、DVが関係した刑事裁判のおかれている現状や問題点、協働について述べたいと思います。結論を先取りすると、被疑者若しくは被告人がDV被害者であり、それが事件に関与している場合、被害者心理を正しく捉えるには専門家の助力が必要です。そして、被害者心理を正しく捉えることは、事件の全体像を正しく理解するのみならず、被疑者等が事件に向き合い更生へと進む上でも、不可欠です。とりわけ弁護人には、専門家を活用し、裁判の中で正しい事実を発見するよう、方針を立て、実現していって頂きたいと期待します。

2　DV被害者の心理の特殊性

　密室の暴力、特に見えない暴力とよばれるモラハラは、心理学を学んだ専門家（精神科医、心理士、カウンセラーなど）でも、被害者・加害者いずれについてもまだまだその実態を見抜きにくく、理解しきれないのが現状です。特に、

暴力を受けている本人さえもなかなかその自覚が持てず、モラハラの影響によって至る被害者心理、そしてそこから派生する行動を、その人自身が持つ元々のパーソナリティの問題であると誤解されやすい面が多くあります。そのため適切なケアがなされない状態のまま置き去りにされてしまいがちです。その人の元々のパーソナリティであると捉えたケアと、被害の果てに至った被害者心理であると捉えたケアでは異なるため、被害者心理と認識されないままでいると、ケアの本質が理解されないだけでなく、被害者の加害者化などといった様々な問題を生むことに繋がります。

　妻が夫を殺してしまったという事件の背景に、実は夫を殺したその妻が暴力被害者であり、その結果起こったことなのではないかと考えた弁護人から、モラルハラスメントに詳しい産業カウンセラーとして、その心の内面を探り、意見書を書くという依頼を以前受けました。その背景には、被告人も暴力被害者であり、その被害者心理からそういった行動に出てしまったと言えるケースが確かに存在しました。しかし、現状の警察や検察の取調べにおいては、そうした視点が一切置き去りにされていると感じています。
　特に、身体的暴力のないモラルハラスメントという精神的暴力は、本人もなかなか自分が暴力被害者であるという自覚を持つことができません。また、多少自覚があったとしてもそのことをうまく表現できない中、そうした視点が置き去りにされていても当然なのでしょう。警察や検察の取調べにおいて、物理的な暴力がない上に、本人にも自覚がなければ、表面化してこなくて当然といわざるを得ないのかも知れません。
　私が関わった被告人たちは、生活してきた環境も地域も異なっています。価値観、性格ももちろん異なります。そんな彼女たちに共通しているのは、自分が夫からの暴力、特に静かに行われる見えない暴力と呼ばれている"モラルハラスメント"という暴力を受け続けたこと、そして、その暴力によって精神が極限状態にあったという自覚がないということでした。じわりじわりと日常的に繰り返し行われるモラハラは、暴力を受けているという自覚がないままに心が傷ついていきます。本人に暴力を受けていたという自覚がなければ、自分が

そうした暴力を受けることで精神的に追い詰められていたという自覚もありません。

モラルハラスメントという目に見えない暴力は、被害者の性格さえも変えてしまう力があります。うつ状態になったり、ヒステリックになったりと、精神的にも病んでいきますが、本来のパーソナリティなら決してとらなかった行動もしかねないほどに追い詰められる暴力です。本人に暴力被害者という自覚がなければ、そして暴力被害者であったという事実が浮き彫りにならなければ、被害の果ての心理状況で起してしまった行動を、被疑者・被告人自身のパーソナリティのみの問題であると一括りにされてしまうのです。

私の関わった被告人達のように、事件背景に弁護人が気づいた場合でなければ、彼女たちの行動は、彼女たちのパーソナリティのみの問題であり、彼女たちの身勝手な犯罪としてのみ捉えられていたでしょう。

ＤＶ被害者が至る心理状態をある程度理解していなければ、なかなか見抜けない状態にあるのが被害者心理なのです。気づかず、浮き彫りにならず、その罪の一般的なとらえ方で判決が決まってしまっているケースも多いと思われます。どんな心理状態がそこにあろうとも、罪は罪。単純に許されるものではありません。しっかりと罪に向き合い、科せられた刑を受け止め、償っていくことは当然です。しかし、それだけでは本当の意味での事件の解明・解決にはなりません。

3　ＤＶ被害者としての心理の理解と更生

彼女たちが自分の罪に向き合っていくためには、なぜ罪を犯してしまったのか、彼女たち自身がその背景と自らの心理状態を知る必要があります。それが本当の意味での更生に繋がるのです。

判決前の事件の鑑定では、とかく「責任能力」に重点が置かれますが、更生までを事件の全体として捉えるならば、被疑者・被告人が、その罪の背景と、何があってそれに至ったか自覚することによって、その全体像が大きく変わってきます。

弁護活動の際、その分野の専門家によって背景を浮き彫りにするメリットは、量刑のためだけでなく、その背景に向き合う、向き合わせる際の方法が専門的かつ丁寧になるところにあります。その背景を浮き彫りにすることが必要と認めた弁護人は、その時間の大切さも認識し、ゆとりのある時間を用意してくれもします。
　被告人の一人は、彼女自身が夫からの身体的暴力を激しく受け、事件当日、顔も人相が分からないほどに腫れ上がっていたため、夫から暴力を受けたということは明白で、警察・検察にも身体的な暴力があったことを認識されていました。しかし、同時にモラハラという精神的暴力が日常的にこの夫婦間に存在し、そのことによってかなり妻の心が追いつめられていた、ということまでは理解されていませんでした。
　彼女の更生に関わる人、そして彼女自身が理解しているかいないかによって、ケアの中身、そしてそのケアの受け止め方と効果も変わってきます。
　暴力被害者は、その自覚のあるなしに関わらず、後々までその影響を心に受け続けます。そのケアはじっくり丁寧に行う必要があります。ですが、暴力被害者であったことが浮き彫りになっていない被疑者・被告人そして受刑者にそのケアは当然重視されないし、行われることはないでしょう。
　自分自身が暴力を受けていたのだ、目に見えない傷を負っていたのだという自覚の上に、専門的なケアを受け、そして自分を見つめる作業をしていく必要があります。その自覚を持ってから、かなり根気よく向き合っていく必要がある"心の傷つき"。本当の意味で更生していくためには、自覚の後に、専門分野のカウンセラーによって正しいケアが成されていくことが大切です。

　専門分野のカウンセラーが関わる必要があるという理由は、受けた心の傷は、関わり方によっては如何様にも変化（へんげ）するためです。
　例えば、私の専門分野であるＤＶやモラハラで言えば、ピアカウンセラーと言われるような同じような経験をした人が同じようなことで苦しんでいる人を助けたい、と支援活動に勤しむケースが多数あります。そうした人たちはボランティアであることが多く、受刑者達に対して進んで接見を申し出て、ＤＶ被

害者であった、モラハラ被害者であったという気づきを促す活動をしています。そうした活動自体を否定するわけではありません。ですが、ＤＶやモラハラの啓蒙活動に重点を置くあまり、方法によっては、自分は被害者であったのだという暴力被害の気づきだけに終止し、ともすれば被疑者・被告人に自分は悪くなかったのだ、という思いだけを強く植え付けてしまいかねません。

　そうした意識は、暴力被害者が容易に向かいかねない"被害者の加害者化"へより近付けてしまいます。

　「自分にとって敵か味方か」「自分を暴力被害者として扱ってくれるかどうか」といった被害者意識が強くなっている状態の思考で他者を見て、そうでないもの達をことごとく排除若しくは攻撃してしまう、といった人への関わり方を身につけてしまうのです。

　そうした、ボランティア支援者に限らず、減刑のためだけに暴力被害者であったということを明確化し、その後のケアを施さずに放置してしまうことも、同じような状態を生み出すでしょう。

　専門家が被疑者・被告人に関わる意義は、その責任能力を問うたり、減刑のために背景を引き出すだけでなく、その後の更生に繋がるケアの方向を見いだすためにも重要であると、暴力被害者であった妻が夫を殺害したケースに関わったことで痛感しています。

　ＤＶやモラハラの暴力被害者には、自分が被害者であったのだという気づき以上に、その後のケアがもっとも重要です。そして、そのケアは非常に丁寧に行われなければなりません。通常の暴力被害者であっても、未だにケアの面は置き去りにされがちですが、拘置所や刑務所内の被告人・受刑者である暴力被害者達は、なおさら置き去りにされていると感じています。

　暴力被害者であることに無自覚なままでは、本当の解決、解明、更生に繋がらないのと同様に、「私は暴力被害者であったのだ。私だけが悪いわけではなかった。」という中途半端な意識は、正しく自分の罪に向き合うことを妨げてしまいます。犯してしまった罪と、その罪の根底にあったとはいえ暴力被害者であったということとは、分けて見つめ、ケアしていかなければならないので

す。

4 終わりに〜協働の必要性

こうした一連の関わりは、被疑者・被告人の弁護人が強く意識をしていないと、そのことに必要な時間をかけることはまず成されないでしょう。

ましてや、国選弁護となると、いろいろな制限もあるでしょうから、なおさら実現がむつかしいことだと思われます。

しかし、更生までを事件の解決と見るならば、専門家による関わりは弁護活動において非常に重要な意味を持つものであると私は考えています。

（たにもと・えみ／女性のためのカウンセリングルーム「おーぷんざはーと」）

●筆者プロフィール ─────────────────────────
谷本恵美（たにもと・えみ）　産業カウンセラー。1962年生まれ。1991年から女性を中心にした心の応援活動「おーぷんざはーと」をスタートさせる。三人の子持ちの母子家庭生活20年（現在は子ども達もみな成人）。女性問題、離婚問題、家族問題、子育てといった分野を得意としている。精神科単科病院、精神科クリニックなどの勤務経験も経て、現在の自営カウンセリングルーム活動に至る。

主な著作に『カウンセラーが語るモラルハラスメント──人生を自分の手に取りもどすためにできること』（晶文社、2012年）、『Q&Aモラル・ハラスメント──弁護士とカウンセラーが答える見えないDVとの決別』（共著、明石書店、2007年）などがある。

> 平成19年度司法研究「難解な法律概念と裁判員裁判」
> 司法研究報告書 第61輯 第1号（司法研修所）（抜粋）

※ 本文中の下線は、編者が追記したものです。

1 責任能力の説明（36頁18行〜37頁4行）

　犯行が妄想に直接支配されていたか否かが責任能力の判断のポイントとなる事案では、端的に「精神障害のためにその犯罪を犯したのか、もともとの人格に基づく判断によって犯したのか」という視点から検討するのが裁判員にとって理解しやすいのではないかと思われる。すなわち、「統合失調症の圧倒的な影響によって犯したもので、もともとの人格に基づく判断によって犯したと評価できない場合か」（心神喪失）、「統合失調症の影響を著しく受けているが、なお、もともとの人格に基づく判断によって犯したといえる部分も残っていると評価できる場合か」（心神耗弱）、「統合失調症の影響があったとしても著しいものではなく、もともとの人格に基づく判断によって犯したと評価することができる場合か」（完全責任能力）という形で判断の対象を示すのが適当ではなかろうか。

2 鑑定意見の在り方（42頁4行〜中略〜26行）

　責任能力の結論に直結するような形で弁識能力及び統御能力の有無・程度に関して意見を示すことはできるだけ避けるのが望ましいし、少なくとも心神喪失等の用語を用いた法律判断を結論として明示することは避けるべきである。（中略）鑑定意見は、精神医学の専門家として、被告人の「行為」にどう影響を及ぼしたかという観点から精神障害の診断内容を説明することに重点を置けば足りる。（中略）したがって、意見として報告すべき事項は、①犯行時の被告人の精神障害の有無・程度といった医学的所見、及び②精神障害が犯行に与えた影響の有無・程度について精神医学の見地から推認できる事実でおおむね足りるものと思われる。

3 口頭報告の活用（45頁11行〜17行）

　鑑定人の意見は、原則として口頭報告によるのが相当であり、必要に応じて、尋問の際に鑑定メモ（例えば、鑑定の骨子のほか、記憶するのが難しい専門的用語・事項を列挙したものなど）を補充的に利用するのが適当ではないかと思われる。なお、鑑

定人尋問でメモを利用する場合には、公判前整理手続の段階でこれを提出し、当事者に情報開示するのが相当である。

4　口頭報告の方法（45頁21行〜27行）

　口頭報告の方法は、二つに大別できる。一つは、当事者主義を徹底して、鑑定を有利に援用したい当事者からの尋問により、その概要を浮きぼりにし、後に細かな点について尋問を行う尋問先行型であり、もう一つは、最初に鑑定意見の概略について鑑定人自ら説明し、又は、裁判所から尋問した後、当事者が争点について尋問する解説先行型である。

5　事前カンファレンスの活用（46頁23行〜中略〜47頁12行）

　鑑定人が鑑定を終えた段階（鑑定メモを提出した段階）において、問題点と尋問事項を整理するため、鑑定人との間で打合せを行うべきである（なお、捜査段階の鑑定について、鑑定受託者の証人尋問が実施される場合も同様である。）。（中略）裁判所の立会いがなければ難しい場合が多いことからすると、裁判所及び両当事者の三者が一堂に会した上で、公判前整理手続の中で行うカンファレンスが最も適当であると思われる（もちろん、これとは別に各当事者が鑑定人に個別に不明な点を確認したりすることを妨げるものではない。）。

6　複数鑑定の問題（49頁2行〜中略〜54頁25行）

　可能な限り複数鑑定を防ぎ、複数を調べざるを得ない場合には、裁判員が混乱しない方策を採る必要がある。（中略）当事者において、捜査段階の正式鑑定を適切に活用できるような方策を採っておくことが重要である。（中略）捜査段階で弁護人がついている場合には、当該弁護人から鑑定受託者に対し、検察官を通じて、又は直接、被疑者に有利な資料の提供を行うなどして、できるだけ幅広く、多様な資料に基づいて鑑定をしてもらうことが考えられよう。
（中略）
　捜査段階で正式鑑定がなされているときに、公判前整理手続で弁護人から再鑑定の請求をする場合には、捜査段階の正式鑑定の何が問題であるかを具体的に主張する必要がある。例えば、鑑定の前提事実が異なるという主張であっても、当該鑑定人の証人尋問の際に、弁護人主張の前提事実であればどうなるかの説明を求める方法で対処し得ることもあるであろう（事前カンファレンスにおいて対処方法が定まることも多

いと思われる。）。(中略)当事者から再鑑定の必要性に関する第三者の鑑定書(意見書)や診断書が提出されたり、捜査段階の正式鑑定書の内容を確認する必要がある場合もあると思われる（鑑定実施決定の必要性の判断のための事実の取調べとして確認することになる。）。

> 手引き＝平成18～20年度厚生労働科学研究費補助金（こころの健康科学事業）
> 他害行為を行った者の責任能力鑑定に関する研究班（分担研究者岡田幸之）
> 『刑事責任能力に関する精神鑑定作成の手引き』平成18～20年度総括版(ver.4.0)
> 19頁～22頁抜粋

参考1　鑑定の考察にあたっての7つの着眼点～法曹への説明に備える

　われわれの研究班では、その討議を経た提案（通称、平田提案）に基づき、責任能力について言及する場合に有用であると思われる考察のための着眼点をまとめた。

■位置づけの変更について

　この着眼点は、初版の17年度版で紹介してから、18年度版でも、また今回もいくつかの点で改訂を加えている。そのもっとも大きな変更は位置づけの変更にある。今回からは【推奨】の項目から、【参考】の項目へと変更し、そして、書式のなかでは「別紙」へと移動することになった。その理由については、本手引き冒頭の「18～20年度総括版にむけて」で述べたとおりであるので、使用前にぜひ一読していただきたい。

■7つの着眼点

　この7つの着眼点としてあげられた各項目は、行為前後のおおよその時間的な流れにそって列挙すると以下のようになる。

---

a．動機の了解可能性／了解不能性
b．犯行の計画性、突発性、偶発性、衝動性
c．行為の意味・性質、反道徳性、違法性の認識
d．精神障害による免責可能性の認識の有／無と犯行の関係
e．元来ないし平素の人格に対する犯行の異質性、親和性
f．犯行の一貫性・合目的性／非一貫性・非合目的性
g．犯行後の自己防御・危険回避的行動の有／無

※　これらはあくまでも確認や整理のための着眼点であるから、各項目は、"ニュートラル"に位置づけて、たとえば①であれば了解の可能性と不能性の両面から、⑥であれば合目的性と非合目的性の両面から、とらえるという姿勢が求められる。

※　どれか1つが該当したからとか、どれか1つの項目でも該当しないから、あるいは何項目あてはまったので、といったことで判断をするような性質のものではない（たとえば「基準」のようなものではない）ことにも十分に注意が必要である。

7つの項目の詳細は以下の通りである。

a．動機の了解可能性／不能性

　どのような動機による犯行であるのか。症状（妄想など）に基づく明らかに不合理で了解不能な動機だけが認められるのか。現実の確執、利害関係、欲求充足など了解可能な要因があるか。一見了解可能であるだけなのか。了解不能の程度（たとえば妄想の奇異さの程度）にも言及するほうがよい。おそらくこの着眼点については、他にくらべて総合的評価における比重が大きくなることが多いであろう。

b．犯行の計画性／突発性／偶発性／衝動性

　何らかの計画性があると評価できるか。その緻密さはどの程度か。現実的な計画と言えるか。計画的というよりも、突発的、偶発的、あるいは衝動的なものであるか。

　ただし、計画性とか衝動性の有無そのものが、即、弁識能力や制御能力といったものの評価になるわけではない。たとえば単純に、計画的で

あれば制御能力がある、衝動的であれば制御能力がないという結論になるわけではない。その犯罪には<u>計画性や衝動性があるか、それは具体的にどのような面で確認されるか、そしてその計画性や衝動性にはどのように、どれくらい精神障害がかかわっているかに注目する</u>ことが必要不可欠である。

この項目は、事前の行動をみるため、犯行時点での能力をそのまま反映していない場合があることにも注意しなければならない。

c．行為の意味・性質、反道徳性、違法性の認識

当該行為をどのように意味づけていたのか。違法で反道徳的なものであるとの認識をもっていたのか。たとえば、被害妄想の妄想上の加害者に対する正当なる反撃であると思いこんでいるなど、精神症状に基づく誤った現実認識が原因となって、正当防衛的な行為であると妄信していたのか。

また、たとえば「殺人一般」に対してもっている善悪の判断と、自分が行った「殺人」に対して持っている善悪の判断に解離がある場合があることにも注意すべきである。

不合理な正当化はあるとしても、それは自己愛的ないし猜疑的な人格傾向に基づくものではないかなどにも注意する。

あくまでも犯行時の認識を問うのであり、<u>事後の反省などとは基本的に区別される必要がある</u>。

d．精神障害による免責可能性の認識

犯行当時、あるいは犯行に先立って、自らの精神状態をどのように理解していたか。いわゆる病識や病感はどうであったか。精神障害による免責の可能性の認識をしていたか（「心神喪失」「心神耗弱」という法的な抗弁があり、それが自分に適用される可能性があるということを知っていたか）。<u>その認識が動機として関</u>係していたと評価できるか。

このとき、<u>犯行後に本人が過度に精神症状や異常性を誇張したり、それらをねつ造したりしている様子の有無なども参考にはなるが、それは犯行時の能力に直接関係する要素ではないので、基本的には区別されなければならない</u>。

e．元来ないし平素の人格に対する犯行の異質性・親和性

この項目では、犯行が当人の人格から考えて異質なものであるか、親和的なものであるかについて検討する。これは以下の2つの視点をもつ必要がある。

(1)元来の人格を比較の対象として、統合失調症や慢性の覚せい剤使用の結果としてみられるような、いわゆる発症後の人格変化がある場合に、その病前と比べて認められる人格（性格）の変化が事件に関連しているか。

(2)犯行という比較的短期間の人格や精神機能全般を、それ以前やそれ以後の比較的長い期間のそれと比べたときに異質であるとか、断絶しているといった様子があり、それが事件と関連しているといえるか。例えば薬物の急性中毒や統合失調症の急性錯乱にみられる可能性があるもの。

なお、記憶の欠如（健忘）の存在が、犯行時に本人が(2)のような状態にあったことの傍証とされることがある。けれども、一般的に事件の最中には確実に本人の意思によって行動しているとみられる加害者が、事後になって、事件について覚えていないと述べることは非常に多いことから、そうした記憶の欠如の取り扱いには注意を払わなければならない。少なくとも、覚えていないという言葉以外に(2)を示唆する情報が得られない場合には、真に記憶の欠如があるのかという点を含め、また、記憶が欠如しているとしてもそれは事後に健忘が生じただけではないかということも含め、相当に慎重になるべきである。

f．犯行の一貫性・合目的性／非一貫性・非合目的性

犯行の意図を実現するために一貫性のある行動をとっていたか。犯行意図の形成が不明確で、衝動的・偶発的な行動の結果として犯行が突出したもの（急性精神病による混乱の渦中で生じた犯行など）で、非合目的的な行動や奇妙さがみられると評価されるか。短期的な視点と長期的な視点に分けて論ずるほうが良い場合もある。

この点の評価、とくに合目的性の評価にあたっては、少なくとも次のような注意が必要である。すなわち、何らかの犯行を成し遂げているということになれば（あるいはそれが法律上は"未遂"であるとしても）、何らかの点で合目的な行動をとることができている――たとえば、完全に妄想のみに由来する病的な目的を達成するための犯罪であっても、その行動には合目的性が必ず見出される。つまり、合目的性を過剰にはかりすぎることはさけられなければならない。

g．犯行後の自己防御・危険回避的行動

犯行後に逃走や証拠隠滅、虚言などの自己防御的な行動をしていたか。被害者の救助や火災の消火など危機回避的な行動があったか。それらは、行為の性質や意味、善悪の判断に関係するものといえるか。あるいは、行動の一貫性等の面からはどう評価されるか。なお、<u>事後の行動をみるため、犯行時点での能力をそのまま反映していない場合があるので注意が必要である</u>。

■７つの着眼点の扱いについての注意

７つの着眼点については、①項目間でその重要度は同等ではないこと、②各項目は独立しているわけではなく、項目間に重なり合うことがらもあること、③どれかひとつの項目に該当したからとか、何項目あてはまるからというようなことで刑事責任能力を判断するようなものではないこと、④各項目について一方向だけからみるのではなく、ニュートラルな視点から評価する必要があること（たとえば動機の了解可能性だけではなく、了解不能性にも目を向けること）、⑤事件によっては全く検討の必要がないものもあること、⑥検討をしても明確に言及することが難しいものもあること、などに注意しなければならない。

■７つの着眼点と総合的な最終判断との関係についての注意

<u>これらの項目はあくまでも「視点」としてあげるものである。たとえば「基準」のように扱われるべきものではない。直接、弁識能力や制御能力の程度、あるいは刑事責任能力の結論を導くものでもない。これらの項目のうちどれかひとつでも欠けば、あるいは満たせば、刑事責任能力が認められるとか失われているというような判断ができる、というものではない。</u>

たとえば、完全に動機が奇異な妄想のみに由来していて、合理的で現実的な理由が一切うかがわれないような場合でも、事件をおこす（おこした）ということは必然的にある程度の合目的的で一貫性のある行動をしている（いた）ことになる。このような事例で、あまりにも「合目的だから」というような点に着目しすぎると、ほとんどすべての事件で能力が保たれていたことになってしまうからである。

最終的には<u>この着眼点を参考にしたうえで、犯行と精神障害との関係を中心にした総合的な説明を法曹に提供する</u>ことになる。

■７つの着眼点の実際の使用例

次頁に示すような書式を利用して整理しておくことができる。具体的な使用例については、本手引き第３章の事例に記している。

なお書式では「hその他」を用意しているが、たとえば供述の信憑性や健忘など、とくに言及

する必要がある場合に使用するとよい。

参考文献

【責任能力】

○高橋省吾「精神鑑定と刑事責任能力」小林充＝香城敏麿編『刑事事実認定――裁判例の総合的研究（上）』（判例タイムズ社、1994年）397頁

○『最高裁判所判例解説刑事篇　昭和59年度』38巻8号（法曹会、1988年）2783頁［高橋省吾執筆］

○「最高裁判所判例解説」法曹時報63巻12号（2011年）3082頁［前田巖執筆］

○仙波厚＝榎本巧「証言と鑑定の証明力⑧　精神鑑定の証明力」大阪刑事実務研究会編『刑事証拠法の諸問題（下）』（判例タイムズ社、2001年）631頁（初出・判例タイムズ767号〔1991年〕56頁）

○三好幹夫「責任能力判断の基礎となる考え方――平成20年判例に示唆を得て」『原田國男判事退官記念論文集　新しい時代の刑事裁判』（判例タイムズ社、2010年）249頁

○最高裁事務総局編『責任能力に関する刑事裁判例集』（法曹会、1990年）

○安田拓人「法律判断としての責任能力判断の事実的基礎――精神鑑定に求められるもの」『岩井宜子先生古稀祝賀論文集　刑法・刑事政策と福祉』（尚学社、2011年）

○安田拓人「責任能力の具体的判断枠組みの理論的検討――司法研究『難解な法律概念と裁判員裁判』を素材として」刑法雑誌51巻2号（2012年）

○安田拓人「責任能力論の到達点となお解決されるべき課題について」『理論刑法学の探究⑥』（成文堂、2013年）1頁

○安田拓人「責任能力と精神鑑定をめぐる諸問題」司法研修所論集123号（2013年）174頁

○安田拓人「裁判員裁判と精神鑑定」研修780号（2013年）3頁

○緒方あゆみ「心神喪失者等医療観察法と刑事責任能力判断」『理論刑法学の探究⑥』（成文堂、2013年）71頁

【精神鑑定】
○福島章『精神鑑定──犯罪心理と責任能力』(有斐閣、1985年)
○松下正明編『臨床精神医学講座19　司法精神医学・精神鑑定』(中山書店、1998年)
○五十嵐禎人編『専門医のための精神科臨床リュミエール1　刑事精神鑑定のすべて』(中山書店、2008年)
○平成18～20年度厚生労働省科学研究費補助金(こころの健康科学研究事業)他害行為を行った者の責任能力鑑定に関する研究班編『刑事責任能力に関する精神鑑定書作成の手引き（平成18～20年度総括版、ver4.0)』(2009年)
○同『刑事責任能力に関する精神鑑定書作成の手引き　追補（ver1.1)』(2011年)
○岡田幸之「刑事責任能力再考──操作的診断と可知論的判断の適用の実際」精神神経学雑誌107巻9号（2005年）931頁
○岡田幸之「基調報告　刑事責任能力と精神鑑定──精神医学と法学の再出発（現代刑事法研究会(3)責任能力)」ジュリスト1391号（2009年）82頁
○「座談会　現代刑事法研究会(3)責任能力」ジュリスト1391号（2009年）89頁
○岡田幸之「責任能力判断の構造」論究ジュリスト2号（2012年）103頁
○岡田幸之「刑事責任能力判断と裁判員裁判」法律のひろば67巻4号(2014年)
○岡田幸之「精神鑑定医の役割と資格」司法精神医学10巻1号(2015年)62頁
○「特集　精神鑑定と責任能力」こころのりんしょうa・la・carte28巻3号(2009年)
○「特集　裁判員裁判下の刑事精神鑑定」精神医療66号（2012年）
○「特集 裁判員制度と精神鑑定」精神医学53巻10号（2011年）
○「シンポジアム『刑事精神鑑定の現状と課題』」法と精神医療27号（2012年）
○「シンポジアム『裁判員制度と精神鑑定』」法と精神医療28号（2013年）
○高岡健『精神鑑定とは何か──責任能力論を超えて』(明石書店、2010年)
○髙田知二『市民のための精神鑑定入門──裁判員裁判のために』(批評社、2012年)
○西山詮『刑事精神鑑定の実際』(新興医学出版社、2004年)

○西山詮『精神分裂病者の責任能力――精神科医と法曹の対話』（新興医学出版社、1996年）
○林幸司『精神鑑定実践マニュアル――臨床から法廷まで』（金剛出版、2001年）

【裁判員裁判】
○司法研修所編『難解な法律概念と裁判員裁判』（法曹会、2009年）
○稗田雅洋「裁判員が参加する刑事裁判における精神鑑定の手続」『原田國男判事退官記念論文集　新しい時代の刑事裁判』（判例タイムズ社、2010年）223頁
○稗田雅洋「責任能力と精神鑑定」池田修＝杉田宗久編『新実例刑法（総論）』（青林書院、2014年）181頁
○笹野明義「公判前整理手続に関する諸問題（13）大阪刑事実務研究会　複雑困難事件における問題（その3）――鑑定が事件の帰すうを決する場合」判例タイムズ1319号（2010年）47頁
○山口雅髙「責任能力の認定手法に関する試論」『植村立郎判事退官記念論文集　現代刑事法の諸問題第3巻』（立花書房、2011年）397頁
○吉井隆平「裁判員裁判と精神鑑定」同435頁
○樋口裕晃＝小野寺明＝武林仁美「大阪刑事実務研究会　責任能力1⑴～1⑷」判例タイムズ1371号（2012年）77頁、1372号（同年）76頁、1375号（同年）87頁、1376号（同年）70頁
○岡田幸之「精神鑑定と裁判員裁判」中谷陽二編『精神科医療と法』（弘文堂、2008年）105頁
○岡田幸之「刑事責任能力と裁判員制度」中谷陽二編『責任能力の現在』（金剛出版、2009年）120頁
○田岡直博「難解な法解釈と裁判員裁判――責任能力に関する模擬裁判を通して（弁護人の立場から）」刑事法ジャーナル11号（2008年）74頁
○田岡直博「裁判員裁判と鑑定――立証方法、鑑定人の意見、公判前整理手続」刑事法ジャーナル20号（2010年）42頁

【弁護活動】

- 「特集　裁判員裁判における精神鑑定」季刊刑事弁護69号（2012年）32頁
- 「特集　活かそう精神鑑定」季刊刑事弁護17号（1999年）19頁
- 日弁連裁判員本部『公判前整理手続を活かす(第2版)』(現代人文社、2005年)
- 金岡繁裕「責任能力を争う事件での弁護」日弁連編『裁判員裁判における弁護活動――その思想と戦略』（日本評論社、2009年）201頁（初出・自由と正義59巻9号〔2008年〕92頁）
- 金岡繁裕「責任能力が問題となる裁判員裁判の整理手続及び審理の在り方」自由と正義60巻3号（2009年）79頁
- 金岡繁裕「裁判員裁判下の刑事精神鑑定――精神科医の刑事司法関与について」精神医療66号（2012年）38頁
- 菅野亮「変わる刑事裁判――裁判員裁判における弁護活動(第26回) 公判前整理手続における鑑定」自由と正義61巻8号（2010年）57頁
- 菅野亮「裁判員裁判における責任能力鑑定と弁護活動」松尾浩也＝岩瀬徹編『実例刑事訴訟法Ⅲ――証拠・裁判・上訴』（青林書院、2012年）101頁
- 田岡直博「裁判員裁判における尋問技術　森一郎事件　わかりやすいだけでは裁判員の納得は得られない」季刊刑事弁護53号（2008年）78頁
- 田岡直博＝本庄武「刑事実体法と裁判員制度　個別事例の検討：責任能力」季刊刑事弁護56号（2008年）68頁
- 田岡直博＝菅野亮「変わる刑事裁判――裁判員裁判における弁護活動(第33回、第34回、第37回) 責任能力が問題となる裁判員裁判の弁護戦略(1)〜(3)」自由と正義63巻8号（2012年）71頁、同12号（同年）78頁、同64巻10号（2013年）89頁
- 東京弁護士会期成会明るい刑事弁護研究会編『責任能力を争う刑事弁護』(現代人文社、2013年)
- 金岡繁裕「第3章　刑事施設における弁護側専門家の面会等について」『実務体系　現代の刑事弁護　第2巻　刑事弁護の現代的課題』（第一法規、2013年）37頁
- 趙誠峰「第21章　鑑定から専門家証言へ」『実務体系　現代の刑事弁護　第2巻　刑事弁護の現代的課題』（第一法規、2013年）375頁

参考書式

1 収集証拠一覧表

　本表は、責任能力の判断に役立つ基本的な証拠及びその収集方法を整理したものである。多くの証拠は、証拠開示（任意、類型、主張関連）により入手することができるが、検察官が保有していないものは個人情報開示請求、弁護士法23条の2に基づく紹介（以下「23条照会」という）、記録の取寄せ申請、公務所照会又は刑事確定記録法に基づく閲覧謄写等の手続を取る必要がある。

証拠の標目	立証趣旨	収集方法
医療機関の診療録（診断書・診療情報提供書控え、診療報酬明細書控え、問診録、処方箋、処置録、看護記録、CT検査、MRI検査等の各種検査結果等）	精神障害、症状及び治療経過（投薬状況等）	カルテ開示[*1]、証拠開示（任意、類型1号、4号、5号又は6号[*2]）、23条照会、公務所照会
小・中・高等学校の指導要録	発達段階の異常の有無（本来の性格）	個人情報開示請求、証拠開示（任意、類型1号、5号又は6号）、23条照会、公務所照会
要介護認定書類（要介護認定申請書及び附属書類、認定調査票、主治医意見書、介護認定審査会資料等）	認知症の有無及び程度	個人情報開示請求、証拠開示（任意、類型1号、5号又は6号）、23条照会、公務所照会
介護日誌（調査票、介護サービス計画書、介護日誌、医師の診断書等）	同上	証拠開示（任意、類型1号、5号又は6号）、23条照会、公務所照会
ケース記録	犯行前の生活状況、異常言動の有無及び内容	個人情報開示請求、証拠開示（任意、類型1号、5号又は6号）、23条照会、公務所照会

前科の判決書	前科内容	証拠開示（任意）、刑事確定訴訟記録法に基づく閲覧謄写
前科の刑事確定訴訟記録	前科内容（精神鑑定が実施されている場合には、精神鑑定の内容）	刑事確定訴訟記録法の基づく閲覧謄写[*3]
社会記録	前歴内容(学校照会回答書、鑑別結果通知書、調査官意見書の内容)	記録の取寄せ請求[*4]
CAPAS能力検査	知的能力検査の結果	刑事施設の対する23条照会、公務所照会
110番通報受理票	犯行直後の言動	証拠開示（任意、類型5号又は6号）、23条照会、公務所照会
緊急通報受理票（119番通報受理票）	同上	証拠開示（任意、類型5号又は6号）、23条照会、公務所照会
救急活動記録票	同上	証拠開示（任意、類型5号又は6号）、23条照会[*5]、公務所照会
留置簿冊	逮捕後の異常言動の有無及び内容	23条照会、公務所照会
酒酔い・酒気帯び鑑識カード	酩酊状況	証拠開示（任意、類型1号、4号、5号[*6]又は6号）
精神衛生診断書・鑑定書[*7]	精神障害の有無及び程度	証拠開示（任意、類型4号、5号又は6号）
被告人の家族・親族等の供述録取書	発達段階の異常の有無（本来の性格）、犯行前の生活状況（異常言動の有無及び内容）	証拠開示（任意、類型5号又は6号）
被告人の学級担任・同級生等の供述録取書	同上	同上
被告人の職場の同僚等の供述録取書	同上	同上

医療機関の医師・看護師等の供述録取書（捜査関係事項照会結果回答書、病状照会結果回答書を含む。）	被告人の精神障害、症状及び治療経過	同上
介護施設の職員の供述録取書	犯行前の生活状況（異常言動の有無及び内容）	同上
福祉事務所職員の供述録取書	同上	同上
近隣住民の供述録取書	同上	同上
被害者の供述録取書	犯行状況	同上
被告人の供述録取書（上申書、弁解録取書、勾留質問調書、犯行再現状況報告書を含む。）	犯行状況、犯行に至る経緯及び犯行動機	証拠開示（任意、類型7号）
取調べ録画ＤＶＤ・ＢＤ	被告人の供述状況	同上
犯行時の精神状態に関する供述録取書	被告人の精神障害の有無及び程度	証拠開示（任意、類型6号）
犯行前の生活状況（異常言動の有無及び内容）に関する供述録取書	犯行前の生活状況（異常言動の有無及び内容）	証拠開示（任意、類型6号）
入通院状況（治療経過）に関する供述録取書	入通院状況（治療経過）	証拠開示（任意、類型6号）
被告人の元来の性格に関する供述録取書	被告人の元来の性格	証拠開示（任意、類型6号）
犯行直前の言動に関する供述録取書	犯行直前の言動	証拠開示（任意、類型6号）

＊1　診療録及び各種検査結果（ＣＴ、ＭＲＩ検査の画像データを含む。）は、証拠開示により開示を受けることが可能であるが、被告人から委任を受けて医療機関に対し直接カルテ開示を求めれることにより任意に開示が受けることも可能である（平成15年9月12日医政第0912001号厚生労働省医政局長通知「診療情報の提供等に関する指針の策定について」7項参照）。

＊2　「任意」は任意開示、「類型」は類型証拠開示の意味であり、括弧内は刑訴法316条の15第1項の各号を意味する。なお、責任能力に関連する証拠であるから、主張関連証拠開示は当然可能であるが、省略した。

＊3　前科にかかる確定記録は、証拠開示では開示されないので、刑事確定記録訴

訟法4条に基づき、保管検察官に対し、閲覧謄写を請求することになる。
* 4　少年前歴にかかる社会記録は、証拠開示では開示されないので、記録の取寄せを申請することになる。
* 5　留置簿冊は、証拠開示では開示されないので、弁護士法23条の2に基づく弁護士会照会のほか、刑訴法279条に基づく公務所照会により取り寄せることになる。ただし、留置簿冊の写しは開示されないことが多い。
* 6　鑑定書に問診録、心理検査結果等が添付されていない場合には、検察官に対し開示を求めると、検察官が鑑定受託者から取り寄せて開示が受けられることが多い。
* 7　供述録取書とは「供述書、供述を録取した書面で供述者の署名若しくは押印のあるもの又は映像若しくは音声を記録することができる記録媒体であつて供述を記録したもの」をいい、電話聴取結果報告書、捜査報告書、捜査関係事項照会結果回答書、病状照会結果回答書等を含む趣旨である。

2 照会申出書（留置簿冊）

照 会 申 出 書

平成〇〇年〇〇月〇〇日

〇〇弁護士会　会長　〇〇〇〇　殿

　　　　　　　　　　　〒〇〇〇－〇〇〇〇
　　　　　　　　　　　〇〇県〇〇市〇〇町〇丁目〇番〇号
　　　　　　　　　　　〇〇ビル〇階　〇〇法律事務所
　　　　　　　　　　　電　話　〇〇－〇〇〇〇－〇〇〇〇
　　　　　　　　　　　ＦＡＸ　〇〇－〇〇〇〇－〇〇〇〇
　　　　　　　　　　　　　弁護士　〇　〇　〇　〇
　　　　　　　　　　　　（登録番号　〇〇〇〇〇）

　下記のとおり、弁護士法23条の2第1項に基づく照会の申し出を致します。

記

1　受任事件
　（省略）

2　照会先
　〇〇警察署（省略）

3　照会を求める事項
　別紙のとおり

4　照会を必要とする理由
　（省略）

5　その他参考事項
　　（省略）

以　　上

照　会　事　項

　殺人未遂被疑事件につき、平成○○年○月○日から現在に至るまで、逮捕・勾留されている被疑者（被告人）○○○○（住居　○○県○○○○○○○○○、職業　○○、生年月日　昭和○○年○○月○○日）について、下記事項をご回答ください。
　被留置者名簿（被留置者の留置に関する規則第5条第1項1号）、被留置者診療簿（被留置者の留置に関する規則第5条第1項5号）、被留置者戒具使用・保護室収容簿（被留置者の留置に関する規則第5条第1項6号）及び特異動静簿（「留置場に備えるべき簿冊の様式を定める訓令」別記様式第1号《V－1特異動静》）の各簿冊に基づき確認の上、ご回答願います。
　なお、前記各簿冊の写しをもって回答にかえていただいてかまいません。

記

第1　被留置者名簿記載事項
　1　看守上の注意事項
　2　健康状態及び措置
　3　処方投薬の日時（時については朝昼夕でよい。）及び備考欄記載事項
　4　動静、処遇に関する申出の日時・要旨・措置
　5　特異動静の日時・内容
第2　被留置者診療簿
　1　診療
　2　診療種別
　3　症状
　4　診療結果
　5　診療病院・医師名
第3　被留置者戒具使用・保護室収容簿

1　戒具使用の事実の有無
　　2　戒具使用の理由
　　3　保護室収容の事実の有無
　　4　保護室収容の理由
第4　特異動静簿
　　1　特異動静の日時・内容

　　　　　　　　　　　　　　　　　　　　以　　上

3 照会申出書（指導要録）

照 会 申 出 書

平成○○年○○月○○日

○○弁護士会　会長　○○○○　殿

　　　　　　　　　　　　　　〒○○○－○○○○
　　　　　　　　　　　　　　○○県○○市○○町○丁目○番○号
　　　　　　　　　　　　　　○○ビル○階　○○法律事務所
　　　　　　　　　　　　　　電　話　○○－○○○○－○○○○
　　　　　　　　　　　　　　ＦＡＸ　○○－○○○○－○○○○
　　　　　　　　　　　　　　　　　弁護士　○　○　○　○
　　　　　　　　　　　　　　　　（登録番号　○○○○○）

　下記のとおり、弁護士法23条の2第1項に基づく照会の申し出を致します。

記

1　受任事件
　　（省略）

2　照会先
　　○○小学校（省略）

3　照会を求める事項
　　別紙のとおり

4　照会を必要とする理由
　　（省略）

5　その他参考事項
　　（省略）

　　　　　　　　　　　　　　　　　　　　　　　　　　以　　　上
　　　　　　　　　　　照　会　事　項

　平成○○年○月○日から平成○○年○月○日まで貴校に在籍した○○○○（本籍○○県○○市○○町○○番地、住所　○○県○○市○○町○丁目○番○号、生年月日　昭和○○年○○月○○日）について、下記事項をご回答ください。
　小学校児童指導要録（学校教育法施行規則24条）に基づき確認の上、ご回答願います。
　なお、前記指導要録の写しをもって回答にかえていただいてかまいません。
　　　　　　　　　　　　　　　記
第1　学籍の記録
　1　児童
　2　保護者
　3　入学前の経歴
　4　進学先
第2　学校名及び所在地
　1　年度
　2　学年
　3　校長・学級担任者
第3　各教科の学習の記録
　1　観点別学習状況
　2　評定
第4　総合的な学習の時間の記録
　1　学年
　2　学習活動
　3　観点
　4　評価

第5　特別活動の記録

第6　行動の記録

第7　出欠の記録

　1　授業日数

　2　出席停止・忌引等の日数

　3　出席しなければならない日数

　4　欠席日数

　5　出席日数

　6　備考

以　　上

※本書式は小学校児童指導要録の記載事項の回答を求めるものであるが、中学校生徒指導要録、高等学校生徒指導要録の参考書式は、文部科学省のウェブサイト（http://www.mext.go.jp/b_menu/shingi/chukyo/chukyo3/043/siryo/attach/1286265.htm）に掲載されている。

4　照会申出書（ケース記録）

　　　　　　　　　照　会　申　出　書

　　　　　　　　　　　　　　　　　　　　　　　　平成○○年○○月○○日
○○弁護士会　会長　　○○○○　殿

　　　　　　　　　　　　　　　〒○○○－○○○○
　　　　　　　　　　　　　　　○○県○○市○○町○丁目○番○号
　　　　　　　　　　　　　　　○○ビル○階　○○法律事務所
　　　　　　　　　　　　　　　電　話　○○－○○○○－○○○○
　　　　　　　　　　　　　　　ＦＡＸ　○○－○○○○－○○○○
　　　　　　　　　　　　　　　　　弁護士　　○　　○　　○　　○
　　　　　　　　　　　　　　　　　（登録番号　○○○○○）

　下記のとおり、弁護士法23条の2第1項に基づく照会の申し出を致します。
　　　　　　　　　　　　　　　記
1　受任事件
　　（省略）

2　照会先
　　○○福祉事務所（省略）

3　照会を求める事項
　　別紙のとおり

4　照会を必要とする理由
　　（省略）

5　その他参考事項

　　（省略）

以　　上

照　会　事　項

　貴事務所において生活保護を受給している○○○○（本籍○○県○○市○○町○○番地、住所　○○県○○市○○町○丁目○番○号、生年月日　昭和○○年○○月○○日）について、下記事項をご回答ください。

　備付書類（東京都生活保護法施行細則第2条）に基づき確認の上、ご回答願います。

　なお、前記備付記録の写しをもって回答にかえていただいてかまいません。

記

第1　面接記録票
第2　世帯台帳
第3　保護決定調書
第4　ケース記録票
第5　給与台帳
第6　受付簿
第7　世帯索引カード
第8　ケース番号登載簿
第9　保護申請受理簿

以　　上

※本書式は東京都生活保護法施行細則第2条の備付書式の回答を求めるものである。備付書類の様式は東京都のウェブサイト（http://www.reiki.metro.tokyo.jp/reiki_honbun/g1010694001.html）に掲載されている。
　なお、東京都個人情報の保護に関する条例13条1項に基づく、保有個人情報開示請求書により、開示が認められた例がある。

5 記録の取寄せ請求書(社会記録)

平成○○年(わ)第○○○号　殺人被告事件
被告人　○○　○○

記録の取寄せ請求書

平成○○年○○月○○日

○○地方裁判所　御中

主任弁護人　○　○　○　○

　頭書事件について、弁護人は、御庁に対し、下記のとおり少年事件記録の取寄せを請求する。

記

第1　取寄せを求める記録
　以下の前歴に関して作成された少年事件記録のうち社会記録部分
　1　平成○○年○○月○○日に○○県警察○○警察署において検挙され、○○家庭裁判所において審判不開始処分を受けた窃盗保護事件
　2　平成○○年○○月○○日に○○県警察○○警察署において検挙され、○○家庭裁判所において審判不開始処分を受けた窃盗保護事件

第2　取寄せ先
　　○○家庭裁判所(省略)

第3　取寄せを必要とする理由
(省略)

以　上

６　公務所照会請求書（110番通報）

平成○○年（わ）第○○○号　傷害致死被告事件
被告人　○○　○○

公務所等に対する照会請求書

平成○○年○○月○○日

○○地方裁判所　御中

主任弁護人　○　　○　　○　　○

　頭書事件について、弁護人は、刑訴法279条に基づき、下記第１の照会先に対して、下記第２の事項につき報告を求められるよう請求する。

記

第１　照会先の公務所
　　　○○警察署（省略）

第２　照会事項
　　　平成○○年○月○日午前○○時○○分ころ、○県○○市○○区○○番○号○○公園において発生した加害事故（傷病者○○○○）に関して、次の事項につきご報告ください（なお、110番通報が複数ある場合には、その全てについてご回答ください。）。
　　　なお、本件事故に関し、110番通報受理票（110番情報メモ）等が存在する場合には、その写しを添付してください。
　　(1)　110番通報（119番通報の転送を含む）の入電日時及び入電数
　　(2)　入電者（119番通報の転送者を含む）の氏名及び電話番号
　　(3)　受信者の氏名及び電話番号

⑷　通報者の氏名及び電話番号

⑸　通報場所

⑹　事故発生場所

⑺　事故の内容

⑻　犯人の人相などに関する事項

⑼　訴出人に関する事項

⑽　指令者の氏名

⑾　処理者の氏名及び車両

⑿　現着時刻及び所要時間

⒀　現着時の状況（負傷者の位置及び状況、立会人の有無等）

⒁　処理のてん末状況

⒂　処理結果報告者の氏名

⒃　処理結果報告時刻

⒄　その他、本件事故の110番通報に関する事項

第3　立証趣旨

　　（省略）

第4　照会の必要性

　　（省略）

以　　上

＊119番通報に関しては、緊急通報受理票（119番通報受領）、救急活動記録票等の開示を求めることになる。救急活動記録票の様式は、東京消防庁救急業務等に関する規程（http://www.lawdata.org/local/tokyoreiki/g1012339001.html）に掲載されている。

7 公務所照会請求書（診療録）

平成○○年（わ）第○○○号　傷害致死被告事件
被告人　　○○　○○

公務所等に対する照会請求書

平成○○年○○月○○日
○○地方裁判所　御中

主任弁護人　　○　　○　　○　　○

　頭書事件について、弁護人は、刑訴法279条に基づき、下記第1の照会先に対して、下記第2の事項につき報告を求められるよう請求する。

記

第1　照会先の公務所
　　　○○病院（省略）

第2　照会事項
　　　患者氏名○○○○（本籍　○○県○○市○○町○番○号、住所　○○県○○市○○町○番○号、生年月日　昭和○年○月○日）に関して、平成○年○月○日から平成○年○月○日までの間に作成された下記医療記録の写しをご送付ください。

記

(1)　診療録（外来診療録、入院診療録、問診票、医師指示票、食事指示票、処方箋、処置録、放射線照射録、診断書控え、紹介状等を含む。）
(2)　看護記録（温度版等を含む。）
(3)　各種検査の写真、伝票、記録、報告書等（レントゲン写真、内視鏡写真、

造影写真、ＭＲＩ検査写真、ＣＴスキャン、超音波検査、脳波、心電図、経皮的動脈血酸素飽和度測定検査、血液検査、生化学検査、細菌検査等に関するものを含む。ビデオによるものも含む。紹介状等も含む。）
　⑷　医師当番表
　⑸　看護師当番表
　⑹　病棟日誌
　⑺　保険診療報酬請求書（レセプト）控え
　⑻　その他診療に関して作成された一切の文書

第３　立証趣旨
　　（省略）

第４　照会の必要性
　　（省略）

以　　　上

8 証拠開示請求書(類型証拠開示)

平成○○年(わ)第○○○号　現住建造物等放火被告事件
被告人　　○○　　○○

証拠開示請求書

平成○○年○○月○○日

○○地方検察庁　検察官検事　　○○○○殿

主任弁護人　　○　　○　　○　　○

　頭書事件について、弁護人は、刑事訴訟法316条の15第1項に基づき、下記のとおり証拠の開示を請求する(ただし、既に開示された証拠を除く。)。
　なお、開示しない場合には、刑事訴訟規則217条の24に基づき、開示しない理由を告知されたい。

記

1　証拠:「火災発見の状況、消火活動の状況等」に関する供述録取書等の全て(捜査報告書を含む。)
　　類型:同法316条の15第1項6号
　　理由:(省略)

2　証拠:「119番通報の状況」に関する供述録取書等の全て(捜査報告書を含む。)
　　類型:同法316条の15第1項6号
　　理由:(省略)

3　証拠:(内妻)の携帯電話(証拠物)
　　類型:同法316条の15第1項1号

理由：（省略）

4 証拠：「(内妻)の携帯電話」を対象として実施された検証又は実況見分の結果を記載した書面の全て（写真撮影報告書を含む。）
　　類型：刑事訴訟法316条の15第1項2号及び3号
　　理由：（省略）

5 証拠：「被告人が内妻に対し、放火予告及び放火完了報告をしたこと、その日付」に関する供述録取書等の全て
　　類型：同法316条の15第1項6号
　　理由：（省略）

6 証拠：「被告人の内妻に対する放火予告、放火完了報告の内容」に関する供述録取書等の全て
　　類型：同法316条の15第1項6号
　　理由：（省略）

7 証拠：(内妻)の供述録取書等の全て
　　類型：刑事訴訟法316条の15第1項5号ロ
　　理由：（省略）

8 証拠：「平成○○年○月○日以降の被告人とのやりとり等」に関する供述録取書等の全て
　　類型：同法316条の15第1項6号
　　理由：（省略）

9 証拠：「被告人と内妻とのトラブルの状況等」に関する供述録取書等の全て
　　類型：同法316条の15第1項6号

10 　証拠：「任意同行時の被告人の言動等」に関する供述録取書等の全て
　　類型：同法316条の15第1項6号
　　理由：（省略）

11 　証拠：（飲食店従業員）の供述録取書等の全て
　　類型：刑事訴訟法316条の15第1項5号ロ
　　理由：（省略）

12 　証拠：「飲食店における被告人の挙動等」に関する供述録取書等の全て
　　類型：同法316条の15第1項6号
　　理由：（省略）

13 　証拠：「被告人の酔いの程度、飲酒検知時における言動」に関する供述録取書等の全て（酒酔い・酒気帯び鑑識カードを含む。）
　　類型：同法316条の15第1項6号
　　理由：（省略）

14 　証拠：「公判請求に至るまでの流れ」に関する供述録取書等の全て
　　類型：同法316条の15第1項6号
　　理由：（省略）

15 　証拠：被告人の精神状態に関する鑑定書及びこれに準ずる書面の全て（鑑定書、診断書、診療録、心理検査及び知能検査の結果、捜査関係事項照会結果回答書、病状照会結果回答書、診療情報提供書、電話聴取書、捜査報告書を含む。）
　　類型：刑事訴訟法316条の15第1項4号
　　理由：（省略）

16　証拠：（鑑定受託者）の供述録取書等の全て（鑑定書、診断書、診療録、心理検査及び知能検査の結果、捜査関係事項照会結果回答書、病状照会結果回答書、診療情報提供書、電話聴取書、捜査報告書を含む。）
　　類型：刑事訴訟法316条の15第1項5号ロ
　　理由：（省略）

17　証拠：「犯行当時の被告人の精神状態等」に関する供述録取書等の全て（○○病院、○○病院及び○○病院における鑑定書、診断書、診療録、心理検査及び知能検査の結果、捜査関係事項照会結果回答書、病状照会結果回答書、診療情報提供書、電話聴取書、捜査報告書を含む。また、鑑定入院期間中に作成されたものを含む。）
　　類型：同法316条の15第1項6号
　　理由：（省略）

18　証拠：警視庁○○警察署に備え付けられた関係簿冊（被留置者名簿、被留置者出入簿、被留置者金品出納簿、被留置者反則行為措置簿、被留置者診療簿、被留置者戒具使用・保護室収容簿、被留置者面会簿、被留置者信書発受簿及び看守勤務日誌）（証拠物）
　　類型：同法316条の15第1項1号
　　理由：（省略）

19　証拠：○○拘置所に備え付けられた関係簿冊（被留置者名簿、被留置者出入簿、被留置者金品出納簿、被留置者反則行為措置簿、被留置者診療簿、被留置者戒具使用・保護室収容簿、被留置者面会簿、被留置者信書発受簿及び看守勤務日誌）（証拠物）
　　類型：同法316条の15第1項1号
　　理由：（省略）

20 証拠：被告人の供述録取書等（弁解録取書、勾留質問調書、上申書、取調状況録画ＤＶＤ及びＢＤを含む。）の全て
　　類型：同法316条の15第1項7号
　　理由：（省略）

21 証拠：「身上・経歴等」に関する供述録取書等の全て
　　類型：刑事訴訟法316条の15第1項6号
　　理由：（省略）

22 証拠：被告人について作成された取り調べ状況記録書面の全て
　　類型：同法316条の15第1項8号
　　理由：（省略）

　　　　　　　　　　　　　　　　　　　　　　　　　　　以　　上

9　予定主張（簡単なもの）

平成○○年（わ）第○○○号　殺人被告事件
被告人　○○　○○

予定主張記載書

平成○○年○○月○○日

○○地方裁判所　御中

主任弁護人　○　○　○　○

　弁護人の証明予定事実その他の公判期日においてすることを予定している事実上及び法律上の主張は、下記のとおりである（刑事訴訟法316条の17第1項）。

記

第1　公訴事実に対する主張
　1　公訴事実記載の行為及び結果については、争わない。
　2　被告人は、本件犯行当時、心神喪失の状態であった。

第2　責任能力に関する主張
　1　被告人は、平成20年4月、□□病院精神科で、うつ病と診断され、以後、本件事件の直前まで、同病院に通院していた（弁1「通院歴等に関する報告書」）。
　2　被告人は、平成25年○月ころから、Vとの間で、離婚の話が持ち上がり、精神的に不安定な状況となり、睡眠不足・食欲不振・抑うつ気分等の症状に悩まされていたが、怠薬していた。
　3　被告人は、Vとともに死ななければならないという思いにかられ、本件公訴事実記載の行為に及んだ。

※上記主張に関連する証拠が開示され、さらに検討をした結果、心神喪失ではなく、心神耗弱を主張するとか心神耗弱とまではいえないが量刑事情の一つとしてうつ病による責任非難の減少を主張するか等を検討することとなる(最終的に心神喪失の主張をしない場合には、心神喪失主張を撤回することになる。)。

10　予定主張（詳細なもの）

平成〇〇年（わ）第〇〇〇号　現住建造物等放火被告事件
被告人　〇〇　〇〇

予定主張記載書

平成〇〇年〇〇月〇〇日
〇〇地方裁判所　御中

主任弁護人　〇　〇　〇　〇

　弁護人の証明予定事実その他の公判期日においてすることを予定している事実上及び法律上の主張は、下記のとおりである（刑事訴訟法316条の17第1項）。
　なお、本主張は、現時点における暫定的な主張であり、同法316条の20第1項に基づく証拠の開示を受け、同法316条の21第1項に基づく主張を検討した上で、その一部を撤回又は変更することがある（同法316条の22第1項）。

記

第1　公訴事実に対する主張
　1　平成〇〇年〇月〇日〇時〇分ころ、被告人が、（内妻）が現に住居に使用していた〇〇〇〇805号室（以下「805号室」という。）に放火し、805号室が全焼したことは認める。
　2　被告人は、本件火災当時、重度のアルコール中毒せん妄ないしアルコール離脱せん妄の影響により、善悪是非を弁識し、その弁識に従って行動を制御する能力を完全に喪失しており、心神喪失の状態にあった。

記

1　被告人の身上経歴
　(1)　被告人は、〇〇高等学校、〇〇専門学校を卒業後、システム・エンジニ

アとして稼働し、コンピューター・ソフトウェアの開発業務等に従事した。
 (2) 昭和○○年に○○○○株式会社を設立し、代表取締役に就任した。当初は経営は順調であったが、平成○年に取引先の詐欺的行為等のため事実上倒産した。被告人自身も多額の負債を負い、平成○年に破産宣告を受けた（弁○・破産事件記録）。
 (3) 昭和○○年ころ、○○○○株式会社に勤務していた（内妻）と知り合い、同居を開始した。本件当時も805号で（内妻）と同居しており、内縁関係にあった（乙○・戸籍謄本、内妻）。
 (4) 被告人は温和な性格であり、当初は（内妻）に暴言・暴力を振るうことはなかった。しかし、平成○年に会社が倒産してから飲酒量が増え、（内妻）が入退院を繰り返すようになった平成○○年以降、（内妻）に対して暴言・暴力を振るうようになった（内妻）。

2 本件以前の生活状況（被告人の異常言動）
 (1) 被告人は、平成○○年○月○日、「こっちだよ。」「こっちに来れば楽になるよ。」という幻聴を聴いて、805号室の南側ベランダに面したガラス戸に飛び込み、右手切創等の傷害を負い、○○病院に救急搬送された（弁○・診療記録、内妻）。
 (2) 平成○○年○月○日、○○病院精神科を受診し、「自分が気付かないうちに布団に灯油を撒いていたことがあった。」「ビルの屋上から飛び降りようとしているところを止められた。」と記憶障害等の症状を訴えた（弁○・診療記録、内妻）。
 (3) 平成○○年○月○日、スーパー○○○○において、レジの並ぶ順番をめぐって他の客と口論となり、頭部をゴミ袋で殴る等の暴行を振るい、○○地方検察庁○○支部において起訴猶予処を受けた（弁○・刑事確定訴訟記録）。
 (4) 平成○○年夏以降、ろれつが回らない、足が痺れて動かない等の身体の不調を訴えるようになった。飛び降り自殺を図ったり、（内妻）と無理心中しようとするなどの自殺企図も現れた。不眠を訴え、不眠を解消するた

めに一日中飲酒するようになり、飲酒量が増えていった（内妻）。
(5) 平成〇〇年〇月以降、「誰かが襲いに来る。」と言って夜中に起き出し、包丁を持って空を切る動作を繰り返すが複数回あった。（内妻）が心配して尋ねると、被告人は「人なのか動物なのか分からぬのが３匹出て来て、応戦せねばならない。」などの幻聴・幻視を訴えた（内妻）。
(6) （内妻）は、被告人の異常な言動に悩み、平成〇〇年以降、〇〇病院、〇〇警察署、〇〇保健所等に出向いて何度も相談した。しかし、被告人自身は「精神病ではない」と思い込んでいたため、治療を受けることはなく、幻覚・記憶障害等の病状を悪化させていった（内妻、弁〇・捜査関係事項照会結果回答書）。

3　被告人の責任能力
(1)　被告人が「アルコール中毒せん妄」又は「アルコール離脱せん妄」に罹患していたこと
　　〇〇〇〇医師は、起訴前本鑑定において、被告人は、アルコール依存（DSM-4TR:303.90）又はアルコール離脱（291.81）の診断基準を満たすことを前提として、前記２の幻覚・妄想、認知機能障害、思考障害及び記憶障害は、アルコール中毒せん妄（291.0）又はアルコール離脱せん妄（291.0）の診断基準を満たすと診断している（弁〇・精神鑑定）。

(2)　被告人が、弁識能力及び制御能力を完全に失っていたこと
　ア　見当識が障害されていた疑いがあること
　　被告人は、平成〇〇年〇月〇日から同月〇日までの記憶が欠落しているため、本件放火当時、幻覚・妄想等の精神症状が存在したか否かは不明である。しかし、平成〇〇年〇月に〇〇病院精神科を受診した際に「自分が気付かないうちに布団に灯油を撒いていたことがあった。」と訴えていることからすると、本件放火当時も意識障害が存在した可能性が高く、見当識が障害されていた疑いがある。

イ　犯行動機が了解不能であること

　被告人は「長年内縁関係にある(内妻)につまみを作ってもらえなかった」という些細な動機から、その報復として、被告人の所有物も存在している(内妻)方に灯油を撒いて放火し、(内妻)方を全焼させる異常な犯行に及んだことになる。しかし、このような行動は常軌を逸した異常なものであり、動機と犯行及び結果との間に著しい飛躍があるから、その犯行動機は正常心理の範疇では了解不能である。

ウ　元来の人格とは異質であること

　被告人は温和な性格であり、昭和〇〇年ころに（内妻）と同居を始めた当初は、暴言・暴力を振るうことはなかった。しかし、平成〇年に会社が倒産してから飲酒量が増え、（内妻）が入退院を繰り返すようになった平成〇〇年以降、（内妻）に対して暴言・暴力を振るうようになった。

　これはアルコール依存又はアルコール離脱による人格変化の影響であり、本件放火は被告人の元来の人格とは異質である。

以　上

11 鑑定請求書（簡単なもの）

平成○○年（わ）第○○○号　殺人被告事件
被告人　　○○　　○○

鑑定請求書

平成○○年○○月○○日

○○地方裁判所　御中

主任弁護人　○　　○　　○　　○

弁護人は、下記のとおり、被告人の精神鑑定を請求する。

記

第1　鑑定事項
　1　被告人の本件犯行当時における精神障害の有無・程度
　2　精神障害が本件犯行に与えた影響の有無・程度

第2　鑑定を求める理由
　1　被告人が大うつ病性障害に罹患していたこと
　　　被告人は、○年ころから、抑うつ症状を訴えるようになり、不眠に悩まされるようになるとともに食欲も低下した。近所の、○○クリニックに行ったところ「うつ病」と診断された。
　　　その後、被告人は、○○メンタルクリニックで処方された抗うつ薬等を飲んでいたものの、症状が改善しないため、○年ころからは、○○メンタルクリニックから　紹介された□□大学付属病院精神神経科に通院するようになり、抗うつ薬の処方を受けていた。○○大学付属病院における被告人の診断名は「大うつ病性障害」であった。
　2　本件犯行前の被告人の状況
　　　被告人は、本件事件の2ヶ月前ころから抑うつ状態がひどくなり、不眠

や食欲のない状況で、それまでこなしていた家族のための食事の用意や洗濯などの家事もできなくなった。

被告人は、休日、夫と散歩に出かけることが多かったが、本件事件の2ヶ月前からは外にでることもなく、一日中自分のベッドで横になって過ごすようになった。

3　犯行時の言動

被告人は、○月○日午前4時ころ、台所から果物ナイフを取り、長男の部屋に行き、寝ている長男をナイフで数回刺し、その後、自分の左胸を突き刺した。

長男には、5カ所の刺創（深さ3cm～5cm）が生じ、被告人自身も胸部に7cm程度の深い傷を負った。

長男の悲鳴を聞いた家族が長男の部屋にかけつけたところ、被告人は、「○○（長男のこと）はいい子なので最後まで見捨てないで下さい。」、「このまま死なせて」などとうわごとのように発言したまま意識を失った。

4　責任能力に疑問があること

被告人はこれまで家族と良好な関係であり、長男を殺害する動機はない（動機は了解不能）。これまでは普通の母親として家族に暴力を振るったこともないのであるから、本件犯行時の被告人は平素の人格とは異なる状況であった（人格の異質性）。

また、被告人は、本件犯行後に自ら刺した長男について「いい子なので最後まで見捨てないで下さい。」などと状況が理解できていない様子もうかがえた。

5　まとめ

上記のとおり、被告人は、本件犯行当時、重症の大うつ病性障害であった。

本件犯行は、強い希死念慮に基づく行動であり、動機も了解不能で、被告人の平素の人格とも異質である。また、犯行後の言動も不自然である。

少なくとも犯行当時、被告人の、善悪の判断及びその判断によって行動する能力は著しく障害されていたと考えられる。

第3　鑑定人
　裁判所に一任する。

以　　上

⑫　鑑定請求書（詳細なもの）

平成〇〇年（わ）第〇〇〇号　殺人未遂被告事件
被告人　　〇〇　〇〇

鑑定請求書

平成〇〇年〇〇月〇〇日

〇〇地方裁判所　御中

主任弁護人　〇　　〇　　〇　　〇

弁護人は、下記のとおり、被告人の精神鑑定を請求する。

記

第1　鑑定事項
 1　犯行時における被告人の精神障害の有無及び程度
 2　前記精神障害が本件犯行に与えた影響の有無、程度及び機序

第2　鑑定の必要性
 1　被告人にアルコール関連障害、認知症が疑われること
 ⑴　〇〇病院における診断内容
　　被告人は、平成〇〇年〇月〇日に〇〇病院で、「夜中に隣の人を起こして『犬が見える』と言ったり、ゆれていると言ったりする。工事の大きな音が聞こえる。と聞く。」「昨夜は犬が出てきた。一昨日は大きなものが出てきた。さわろうと思ったら消えた。」（予診録）、「四脚の獣がサーッと通り過ぎた」「ドアノブが魚に見え、ありがたがっていた。」（退院時サマリー）等の「幻視・妄想」（予診録）を訴え、「アルコール離脱せん妄」（平成〇〇年〇月〇日付け健康診断書、退院時サマリー）と診断された（甲〇〇号証）。
　　また、被告人は、〇〇病院入院中の平成〇〇年〇月〇日にＣＴスキャン

検査を受け、「前頭葉、側頭葉に軽度萎縮」と診断された（検査成績、甲○○号証）。

　被告人は平成○○年○月○日に○○病院を退院したが、その後、同病院で継続的に治療を受けることはなかった。

　同月○○日に医療法人社団○○会○○病院を受診し、「貴院退院後も幻視の訴えは持続しており、詳細は不明ですが、アルコール多飲歴もあることから、＃１（器質性もしくはアルコール精神病による幻覚の疑い）の可能性も考えております」と診断された（診療情報提供書、甲○○証）。

(2)　○○病院における診断内容

　○○病院を入退院した約４年後の平成○○年○月○日、被告人は今度は○○病院を受診し、「最近は天井の照明が落ちてくるような夜間せん妄がある」（診療録２（外来））、「夜電燈が落ちてくる感じがしたり、壁につっている服が動いて見えたりした」（症状・経過）との幻覚を訴え、「アルコール依存症」（診療録１（外来）、症状・経過）と診断された（甲○○号証）。

　しかし、○○病院では、継続的に治療を受けることはなく、次に同病院を受診したのは約２年後の平成○○年○月○日であった。被告人は、「飲むと暴言が出る」「ガラスを割ったこともある。大分前にだが。」「職員からいじめられている」ように感じるなどと訴え、再びアルコール依存症と診断されている（症状経過、甲○○号証）。その後、約５か月後の同年○月○日に３度目の受診をしている（症状経過、甲○○号証）。

(3)　逮捕後の異常言動

　被告人は、平成○○年○月○日に本件を起こして、○○警察署に逮捕された。その後、○○警察署に勾留中、失禁する（平成○○年○月○日）、「どこからでれるんかの。」と言いながら徘徊する（同月○○日）、「（同室の被留置者が）便所に落ちて出て来ん」と言い、便器内に手を入れる（同月○○日）、トイレの窓を覗き込みながら「あんた、そこにおったな。」と独り言をつぶやく（同月○○日）、天井を見ながら「煙草吸いよんな。」と大声を上げ、注意すると「人がおるんや。」と返答する（同日）、「トイレの中に車が入り込んでいる。おばさんがこっちを見ている。」と言う（同年○

月○日)、ほとんど眠ることなく繰り返し独り言を言う(同年○月○日)、就寝時間帯に大声を出し、留置担当官が制止するも、更に大声で叫び続けた結果、保護室に収容される(同日)などの異常言動が見られた(弁○○、○○号証)。

(4) 被告人の精神障害

ア アルコール関連障害

被告人は、平成○○年○月○日以降、○○病院、○○病院及び○○病院という3箇所の病院を受診し、幻覚・妄想等を訴え、「アルコール離脱せん妄」(○○病院)、「器質性もしくはアルコール精神病による幻覚の疑い」(○○病院)、「アルコール依存症」(○○病院)と診断されているから、犯行時、「アルコール関連障害」が認められることは明らかである。

なお、アルコール関連障害とは、ICD-10:F10.X(アルコール使用による精神および行動の障害)の総称であり、アルコール依存症(F10.2)、離脱状態(F10.3)、せん妄を伴う離脱状態(F10.4)、精神病性障害(F10.5)、残異性および遅発性精神病性障害(F10.7)などを含む(弁○号証)。これらは、時間的区分により、アルコールの使用中は「アルコール依存症」、使用直後は「離脱状態」(せん妄を伴うときは、「せん妄を伴う離脱状態」)、6か月以内は「精神病性障害」、それ以降は「残異性および遅発性精神病性障害」と区分される。

イ アルツハイマー病型認知症(疑い)

他方で、被告人は、逮捕以前に認知症(アルツハイマー病型認知症、ICD10:F00)の診断を受けたことはない。しかし、被告人は、○○病院入院中の平成○○年○月○日にCTスキャン検査を受け、「前頭葉、側頭葉に軽度萎縮」と診断されており(検査成績、甲○○号証)、脳の萎縮は不可逆的な変化であるから、犯行時には更に脳の萎縮が進行しているものと考えられる(この期間中にCTスキャンを受けていれば、脳の萎縮の進行が確認されたはずである。)。そし

て、逮捕後約２週間で、失禁する（平成○○年○月○日）、「どこからでれるんかの。」と言いながら徘徊する（同月○日）、「（同室の被留置者が）便所に落ちて出て来ん」と言い、便器内に手を入れる（同月○日）、トイレの窓を覗き込みながら「あんた、そこにおったな。」と独り言をつぶやく（同日）などの認知症の症状が確認されていることからすると、犯行時、既に認知症を発症していた可能性が高く、少なくとも、その「疑い」は否定できない（弁○、○号証）。

2　アルコール関連障害等が本件犯行に著しい影響を与えたことが疑われること
　⑴　責任能力判断の在り方
　　最三小決昭和59年7月3日刑集38巻8号2783頁は、責任能力の有無及び程度は「被告人の犯行当時の病状、犯行前の生活状態、犯行の動機・態様等」を総合して判断すべきであると判示し、いわゆる総合的判断を採用した。また、最一小決平成21年12月8日刑集63巻11号2829頁は、「病的体験が犯行を直接支配する関係にあったのか、あるいは影響を及ぼす程度の関係であったのかなど統合失調症による病的体験と犯行との関係、被告人の本来の人格傾向と犯行との関連性の程度」等を検討すべきであると判示した。これは、昭和59年決定のいう前記総合的判断に当たり、病的体験との関連性及び本来の人格との異質性を中間項として設定したものと解される。そこで、まずこの二つの事情（いわゆる着眼点）を検討し、その余の事情は補充的に考慮するのが相当である。
　⑵　精神症状と犯行との関連性──犯行動機の了解可能性
　　起訴状及び証明予定事実記載書には犯行動機が明示されていないが、①被告人が「○○荘の職員から現金の使用や、飲酒、外出の手段を制限された」ことに不満を持っていたところ、②「被告人の預金通帳を管理するなどしていた職員の被害者」に対し犯意を抱き、③本件犯行当日に二女○○○○に同居を拒絶されたことから、本件犯行に及んだと主張する趣旨であると解される（ただし、前記①ないし③の相互関係及び犯行動機としての強弱

は不明である。)。

　しかし、被告人は、逮捕当日の司法警察員の弁解録取では、本件犯行動機につき、「看護婦が知らん顔をした。」「看護婦がいちばん嫌やった。」「騒ぎを大きくして、新聞社に取り上げてもらおうと思った。」「被害者がうす笑いをしていた。」「(被害者を刺した理由は)分からん。」などと供述していた(弁○○、○○号証)。また、逮捕2日後の検察官の弁解録取時には、被告人は、本件犯行動機につき、「何を思ったんかな。わからんわ。」と供述していた(弁○○、○○号証)。このように被告人は、犯行動機は自分にも「分からない」旨供述するとともに、被害者ではなく看護士に不満を持っていた旨を供述しているのであって、被害者が預金通帳を管理していたこと(②)が、本件当日に被害者を果物ナイフで刺す動機に繋がっているとは考え難い。

　また、仮に②が犯行動機に繋がっているとしても、被告人が事件前日の平成○○年○月○日に「事務所の人間が使いこんどる。」と供述していたことからすると(甲○○号証)、被告人がアルコール関連障害及び認知症の症状である被害妄想の影響により、被害者が預金を使い込んでいると思い込んでいた可能性があり、これらの精神症状が本件犯行動機に影響を与えた可能性は否定できない。

　また、○○荘の職員に不満を持っていたこと(①)は事実であると認められるが、それ自体は、(預金の引出しを拒絶された日ではなく)本件当日に、(看護士や所長ではなく)被害者を果物ナイフで刺す動機には繋がらない。他方で、○○病院の診療録の平成○○年○月○日の欄に「職員からいじめられている」旨の記載があること、逮捕後、司法警察員の弁解録取でも「○○荘の職員からいじめられている」旨供述していること、「騒ぎを大きくして、新聞社に取り上げてもらおうと思った。」といった誇大的な言動が見られること、「被害者がうす笑いをしていた。」といった被害妄想的な言動(妄想知覚の可能性がある。)が見られることからすると、「○○荘の職員に不満を持っていたこと」の背景には、アルコール関連障害及び認知症の症状である認知機能の低下、被害妄想の影響があった可能性が

ある（アルコール関連障害の症状に、意識障害、被害妄想などがあることにつき、弁○号証参照）。

　更に、本件犯行当日に二女○○○○に同居を拒絶されたこと（③）は、本件犯行のきっかけになっている可能性はある。しかし、これだけでは、(二女とは何の関係もない）被害者をいきなり果物ナイフで刺す動機になるとは考え難い。事件当日の出来事としては、被告人が事件直前に被害者と「ご飯食べんのですか」「いらん」「いらんのですね」「いらん」とやりとりした程度であり、これらは施設職員と施設入所者の間の日常的なやりとりに過ぎず、特に被告人が被害者に対し犯意を抱くような出来事はなかったと認められる。仮に○○荘及び二女に対して不満を持っており、事件当日に被害者に「昼食がいらないのですか」と言われたことに腹を立てることまでは了解できたとしても、いきなり被害者を果物ナイフで刺したことは了解し難い。このように衝動的に本件犯行に及んだ背景には、アルコール関連障害の症状である衝動性の昂進、脱抑制状態等の精神症状が影響した可能性がある。

　したがって、犯行動機は了解困難であり、本件犯行には、アルコール関連障害及び認知症の症状である認知機能の低下、被害妄想、衝動性の昂進、脱抑制状態等の精神症状が影響した可能性がある。

⑶　本来の人格との異質性

　被告人の本来の人格（これは病前人格の意味であり、アルコール関連障害発症前の人格を意味する。『最高裁判例解説刑事編昭和 59 年度』360 頁［髙橋省吾執筆］参照）に関しては、家族歴及び職業歴を基礎付けるエピソードが乏しく、評価が困難である。

　しかし、証拠上、間違いなく言えることは、被告人には、約 30 年前（昭和 57 年 9 月 30 日）のモーターボート競争法違反による罰金前科を除き、前科前歴がない、ということである（乙○号証）。そして、（アルコール関連障害発症後の性格に関する供述ではあるが）○○荘の入所者である○○○○は「私の印象では決して粗暴な人物というわけではありません。」「○○さんは普段は比較的大人しい人だと思います。」（甲○○号証）、○○○

○○は「○○さんは話をしやすいし、優しいし、私の中ではいい人でした。」「私には本当に優しかったのです。」（甲○○号証）などと、一致して、被告人は平素は温厚な性格であったと供述している。

確かに、○○荘入所後、○○荘の職員に対し暴言を吐く、包丁を持ったまま廊下を歩く、○○荘の所長に対しブロックを投げ付ける、自分はアルコール依存症ではないと言い張り、他の病院に押し掛けて診察を受けようとするなどの粗暴な言動があったようであるが、○○○○によると、これらはいずれも「お酒を飲んだ上での出来事」であったというのであるから（甲○○号証）、アルコールによる直接的な影響により、精神運動興奮、衝動性の昂進、脱抑制状態が引き起こされていた可能性がある。

また、○○荘の職員に対する粗暴な言動に関しては、前記(2)記載のとおり、アルコール関連障害及び認知症の症状である認知機能の低下、被害妄想の影響があった可能性もあるから、これらのアルコール関連障害発症後の言動をもって、「本来の性格」が粗暴であったと評価することは妥当ではない（もし発症前から、このような粗暴な言動があれば、モーターボート競争法違反による罰金前科を除き前科前歴がない、ということは考え難いから、本来は温厚な人格であったと考えるのが妥当である。）。

以上によると、本件犯行が本来の人格と親和的であったと認めることはできず、むしろ本来の人格とは相当異質であると評価するのが相当である。

(4) 本件犯行態様の合理性及び計画性

その余の事情（着眼点）についても、念のため検討しておく。まず、犯行態様は、右手に果物ナイフを持ち、突き出すというものであるから、一見すると、合理的なものと言えなくはない。しかし、このような行為自体はきわめて単純な動作であって、複雑な認知及び判断を必要としないから、このことから行動制御能力（なお、自分の意思で行為する能力＝行為能力を意味するものではなく、違法行為に出ることを思いとどまる能力をいうことにつき、『最高裁判所判例解説刑事篇平成20年度』359頁［前田巌執筆］参照）が障害されていなかった（違法行為を思いとどまることができた）と評価する根拠とはならない。

他方で、犯行後、被告人がその場に呆然と立ち尽くしていたという事情がある。逮捕後、被告人の居室から、のこぎり、はさみ、果物ナイフ、ひげそりが発見されていることから、ある程度は計画的な犯行であった可能性は否定できないが、「のこぎり、はさみ、ひげそり」などを使って危害を加えようとすること自体が異常であり、アルコール関連障害の症状の影響を受けている可能性が否定できない。したがって、ある程度の計画性があったとしても、本件犯行自体は衝動的に敢行されたものであると認められ、アルコール関連障害の影響である衝動性の昂進、脱抑制状態等の精神障害の影響を受けていた可能性が否定できない。

(5) 行為の意味及び違法性の認識

　また、被告人は被害者を果物ナイフで刺したこと自体は認識しているから、一応は行為の意味の認識はあったと言える。また、被告人は、犯行後に「逃げも隠れもせん。警察に行ってやる。」と発言していたから、違法な行為であること自体は認識していたようである（甲○○号証）。しかし、その後に「今までのこと全部警察にぶちまけてやる。」と発言していることからすると、○○荘の職員にされてことを警察に訴えることにより、自己の行為が正当化されると思い込んでいた疑いがあり、この発言も、行為の社会的意味及び違法性を十分に認識していた根拠になるとは言い難い。

　また、事件当日の司法警察員の弁解録取において「○○さんどしたん。」「（お腹を怪我したことは）たしかなん？」「あ、手術しとん？」「これ（怪我）は知らんのや。」「血は見なかった。」などと供述していることから（弁○○、○○号証）、被害者のどこを刺したのか、被害者が出血したのかどうかなどの結果については、認識していなかったことがうかがわれる。

　そもそも、施設に対する不満から、施設内で施設職員を果物ナイフで刺すという発想自体が、そのような行為をすれば殺人未遂や傷害罪といった重大犯罪になり、逮捕勾留され、刑務所に入る可能性があるという社会的な意味及び違法性を十分に認識してのことは考え難い（なお、制御能力とは、事理や是非を弁識する能力ではなく、違法性を認識する能力をいうことにつき、最判昭和29年7月30日刑集8巻7号1231頁参照）。

むしろ、認知症の症状である認知機能の低下や、アルコール関連障害の症状である意識障害(重度の意識障害であるせん妄までは生じていなくても、軽度ないし中等度の意識混濁はあった可能性がある。)の影響により、行為の社会的意味や違法性を十分に認識できていなかった可能性がある。

3 責任能力が著しく障害されていた疑いがあること

以上によると、被告人には、犯行当時、アルコール関連障害及び認知症に罹患していた疑いがあり、その症状として、幻覚・妄想(被害妄想)、衝動性の昂進、脱抑制状態、認知機能の低下、意識障害(軽度または中等度の意識混濁)などの精神症状があり、それらの精神症状が本件犯行動機及び本件犯行態様に著しい影響を与えた可能性がある。

本件では、起訴前嘱託鑑定はもちろん簡易鑑定すら実施されておらず、逮捕前に受診した医師はいずれも数回受診したのみであって、アルコール関連障害及び認知症の診断に必要不可欠なCT検査、MRI検査、被告人の性格を判定する心理検査及び知能を測定する知能検査(WAIS−Ⅲ等)等が実施されていないから、公判において、正式な精神鑑定が実施されない限り、犯行当時、被告人の弁識能力及び制御能力が著しく障害されていたという合理的な疑いが残ると言わざるを得ない。

第3 鑑定人の選任

鑑定人の人選は御庁に一任するが、刑事精神鑑定を嘱託するに相応しい「公正さや能力」(最二小判平成20年4月25日刑集第62巻5号1559頁参照)を兼ね備えていることはもちろん、アルコール関連障害の臨床経験を有する精神科医医師が選任されるべきである。

疎 明 資 料

(省略)

以 上

※ 本書式は、起訴前鑑定が実施されていない事件の鑑定請求書である。起訴前鑑定が実施されている場合には、起訴前鑑定に「鑑定人の公正さや能力に疑いが生じたり、鑑定の前提条件に問題があったりするなど、これを採用し得ない合理的事情」があることを具体的に論じる必要がある。
※ 裁判所は、鑑定の決定をするについて必要があるときは、事実の取調べを行うことができる（刑事訴訟法43条3項、刑事訴訟規則33条3項参照）。

◎本書執筆者と担当箇所一覧

田岡　直博（たおか・なおひろ／香川県弁護士会）／第1章、第2章、第3章、コラム
菅野　亮（すげの・あきら／千葉県弁護士会）／第4章、第5章、第8章
前田　領（まえだ・りょう／東京弁護士会）／第4章
金岡　繁裕（かなおか・しげひろ／愛知県弁護士会）／第6章、コラム
趙　誠峰（ちょう・せいほう／第二東京弁護士会）／第7章
水口真寿美（みなぐち・ますみ／東京弁護士会）／コラム
佐藤　隆太（さとう・りゅうた／千葉県弁護士会）／コラム
森岡かおり（もりおか・かおり／第一東京弁護士会）／コラム

GENJIN刑事弁護シリーズ16

せきにんのうりょくべん ご   て び
責任能力弁護の手引き

2015年5月15日　第1版第1刷発行
2016年1月30日　第1版第2刷発行

編　者　日本弁護士連合会刑事弁護センター
発行人　成澤壽信
発行所　株式会社 現代人文社
　　　　〒160-0004 東京都新宿区四谷2-10 八ッ橋ビル7階
　　　　振替　00130-3-52366
　　　　電話　03-5379-0307（代表）
　　　　FAX　03-5379-5388
　　　　E-Mail　henshu@genjin.jp（編集）／hanbai@genjin.jp（販売）
　　　　Web　http://www.genjin.jp
発売所　株式会社 大学図書
印刷所　株式会社 ミツワ
装　丁　Malpu Design（清水良洋）

検印省略　PRINTED IN JAPAN　ISBN978-4-87798-606-3　C2032
©2015　日本弁護士連合会

本書の一部あるいは全部を無断で複写・転載・翻訳転載などをすること、または磁気媒体等に入力することは、法律で認められた場合を除き、著作者および出版者の権利の侵害となりますので、これらの行為をする場合には、あらかじめ小社また編集者宛に承諾を求めてください。

GENJIN刑事弁護シリーズ⑯

責任能力弁護の手引き

日本弁護士連合会刑事弁護センター[編]